AF320081

ESSAI

SUR LES PREMIERS PRINCIPES

DES SOCIÉTÉS.

PAR

P. GARREAU.

PARIS

MICHEL LÉVY FRÈRES, LIBRAIRES-ÉDITEURS

RUE VIVIENNE, 2 BIS.

1859

ESSAI

SUR LES PREMIERS PRINCIPES

DES SOCIÉTÉS.

4361.

6305.

S 159863

LA ROCHELLE. — IMPRIMERIE DE A. SIRET

3, PLACE DE LA MAIRIE.

ESSAI

SUR LES PREMIERS PRINCIPES

DES SOCIÉTÉS

PAR

P. GARREAU.

———

PARIS

MICHEL LÉVY FRÈRES, LIBRAIRES-ÉDITEURS

RUE VIVIENNE, 2 BIS.

—

1859

AVERTISSEMENT.

—

Ce petit livre fut composé dans des jours orageux, et pour moi-même; indécis, troublé, peu satisfait des doctrines contemporaines sur tout ce qui a trait aux fondements de la *société politique;* moins encore de celles du xviiie siècle, que résume le *Contrat social;* vivant trop des idées de mon temps pour m'arrêter un instant à la *Politique sacrée* (Bossuet); ayant du reste en médiocre estime la morale politique de Grotius et de Pufendorf, en aversion l'école de Hobbes, en mépris celle de Machiavel, je devais reculer jusqu'au moyen âge.

— C'est là que je me suis arrêté, y trouvant une base solide, la vérité et la clarté, la générosité et la sagesse. Je ne me repentirai jamais, j'en suis certain, d'y avoir pris saint Thomas pour maître.

Donc, nourri de ses fermes préceptes, je me plus à les essayer contre nos théories modernes; même à les mettre aux prises avec les questions du jour. Suivant de l'œil des débats ardents, je faisais subir aux différentes opinions le contact du grand moraliste : il concluait pour moi. Ce travail a formé peu à peu le faisceau de mes convictions, d'autant mieux lié (je le présume), qu'il a été obtenu contradictoirement.

Mais, de ce résultat, devais-je faire part au public? — Si la paix des esprits et l'heure de la réflexion revenues avec un gouvernement tuté-laire, semblaient m'y inviter, le peu de crédit de la philosophie, même sociale, m'en détournait. Aussi bien, cet opuscule, écrit, je le répète, à titre d'étude et pour ma satisfaction propre, serait resté inédit probablement, sans une circons-tance.

Il y a quelques mois, on s'en souvient, un grand

journal et un écrivain éminent, la *Patrie* et M. *de Girardin*, se trouvèrent en présence. Sur quel terrain ? Sur celui précisément que j'ai le plus exploré, le terrain de la question politique capitale, de la question des questions, la liberté : *liberté absolue, ou liberté restreinte !* — Comment se défendre d'y revenir, et aussi d'y donner signe de vie, lorsqu'on a vu l'intérêt si vif et inattendu que suscitait le débat ?

Ce n'est point que j'aie mieux à dire que deux publicistes consommés ; mais j'ai, ce me semble, autre chose à dire. — Peut-être, à l'habile écrivain de la *Patrie* (à qui je tends la main), ai-je quelques principes à proposer sur lesquels sa thèse se trouverait bien assise ; quelques corollaires à offrir, dont elle pourrait se compléter ? Et peut-être, à son redoutable adversaire, ai-je plus d'un doute nouveau de quelque importance à présenter ?

Quoi qu'il en soit, il y a trois grandes thèses politiques en jeu, dès que les hommes se prennent à raisonner sur leurs constitutions sociales.

Celle de Bossuet et même de Fénelon : la souveraineté absolue de la VOLONTÉ d'un seul.

Celle de Rousseau : la souveraineté absolue de
la VOLONTÉ de tous.

Celle de Saint-Thomas : *la souveraineté de la
raison.*

C'est ma thèse.

Mettre ces théories en présence, principes,
conséquences, arguments et objections ; puis intervenir dans le débat avec les armes du moyen-
âge, mais mises (si je le puis) *au fil aigu* d'usage
dans les discussions de notre temps, tel est mon
but. — Je ne le crois dénué ni d'utilité ni de nouveauté ; que le lecteur en décide.

La Rochelle, le 15 Février 1859.

P. GARREAU.

INTRODUCTION.

—

S'il est un fait prouvé par l'histoire et la philo-sophie, c'est l'impossibilité d'une société sans Dieu. Il n'y a point, en effet, de société sans loi obliga-toire, et il n'y a point de loi digne et capable d'obliger en conscience, sans un législateur de droit, ou souverain.

La loi civile, si excellente qu'elle soit, ne tire son caractère ni d'elle-même, ni du génie de celui qui l'a faite; elle le tire de Dieu seul. La loi civile ne contraint point l'athée; l'athée conséquent à lui-même viole la loi aussi souvent que son intérêt l'exige, s'il ne redoute pas la coaction. — Pourquoi non? — Quelque chose oblige-t-il en conscience celui qui se fait, ou doit se faire de l'égoïsme la règle de toute vertu?

Si l'athée, par crainte, par intérêt, ou par un fond naturel de sympathie, fait quelquefois le bien, la société sans Dieu le fera-t-elle? On le prétendra, sous ce prétexte que l'intérêt de chaque membre étant l'ordre et la paix, chacun ne peut que s'empresser de signer une utile convention.— De signer, soit; mais en se promettant de l'éluder autant que possible, et de faire tourner à son plus grand avantage le sacrifice des autres au pacte commun. Qu'est-ce qu'un pacte, pour l'homme sans Dieu? Une promesse. Et qu'est-ce qu'une promesse? Rien... Je me trompe, un instrument de succès.

— Qu'est-ce, à ses yeux, que la loi qui garantit la propriété et punit de mort l'homicide? Un fait, dont il est heureux de se couvrir; mais, pour sa part, s'il est certain d'y échapper, il tuera pour un peu d'or, en bonne logique. Il tuera, dis-je, sauf protestation spontanée d'un vague instinct moral, ou de cette sensibilité nerveuse qui fait défaillir le cœur et la main. C'est ainsi que plusieurs, dans un monde sceptique, sont sauvés du crime par un bénéfice de nature, ou par la peur.

Mais la nature résiste-t-elle longtemps à l'égoïsme sans principes? Non; et si la chûte entraîne la chûte, celle-ci se multiplie par l'exemple, devient partout habitude, et finit par étouffer jusqu'aux derniers instincts du cœur. — Reste la crainte; passons, l'histoire a jugé ses succès, quand elle n'est pas soutenue par l'idée. « Celui qui vient » à bout de braver le remords, écrit Rousseau, ne » tarde pas à braver le supplice, et ceux qui » n'attendent que l'impunité pour mal faire, ne » manquent guère de moyens d'éluder la loi. » (1) La force peut et doit venir en aide aux principes; elle ne saurait les remplacer. De Maistre a dit :

(1) *Discours sur l'Économ. polit.*

« Il faut purifier les volontés, ou les enchaîner.»(1)
Rousseau vient de lui répondre, et sans réplique,
car on n'enchaîne pas l'esprit. Donc il importe au-
dessus de tout qu'on le purifie.

Fénelon l'enseignait en ces termes austères aux
politiques de son temps : « Tant que ceux qui
» gouvernent sont imparfaits, tout gouvernement
» reste imparfait. » (2) J'ajoute : tant que ceux
qu'on gouverne restent étrangers ou indifférents
à certains principes essentiels , il n'y a pas de
gouvernement durable.

Vainement, en effet, chercherait-on l'équilibre
dans un système social et politique irréprochable ;
vainement prétendrait-on l'asseoir sur une étude
approfondie de notre nature , si cette nature, dé-
voyée, ou faussée, subissait l'influence de quelque
grande erreur.

Cela se voit dans l'histoire, et s'il y a de profonds
égarements privés, il y en a de publics.

(1) *Du Pape.*
(2) *Essai sur le Gouvern. civil.*

A ceux qui vantent les artifices politiques et les expédients habiles, j'aime à redire le mot de Platon : « Le meilleur moyen de gouverner les hommes, » c'est de les faire participer à l'idée du bien ; » (1) de Fénelon : « C'est de rectifier leur conscience ; » (2) de Rousseau : « Le grand ressort de l'autorité pu-» blique est dans le cœur des citoyens. » (3) — Ne faisons cas de l'habileté, comme de la force, qu'autant qu'elles ont des principes pour appuis.

A ceux pour qui la stabilité est une question toute économique, et qui font dépendre la durée, la paix, le progrès d'un état, de la production et de la distribution des richesses, je demande ce que devient le meilleur des systèmes, quand la volonté corrompue enfreint ses lois ? La possession du bien-être satisfait-elle jamais à l'envie et à l'orgueil de posséder plus qu'autrui ; rassasie-t-elle l'amour de la domination et tous les débordements du caprice ? On ne le maintiendra pas.

(1) *République.*
(2) *Essai sur le Gouvern. civil.*
(3) *Lettres sur l'Économ. polit.*

J'insiste, car cette remarque est capitale ; elle atteint au cœur les systèmes de la plupart de nos réformateurs contemporains. Presque tous croient satisfaire ou apaiser l'homme, par l'égalité dans le bien-être. Vaine prétention ! Que ferait-il de ses vanités, de ses dédains, de ses volontés impérieuses ? Ces philosophes connaissent mal notre espèce superbe, pour qui le bonheur suprême est de grandir en abaissant, de jouir à l'exclusion de ses semblables, et dont l'instinct jaloux est surtout de commander.

Je me résume : il faut périr, ou tourner ses regards vers des principes éternels.

I

Ces principes, quels sont-ils ? Ceux de la morale. Mais de quelle morale ? Car si, au fond, il n'y en a qu'une, comme il n'y a qu'une vérité, il n'en existe

pas moins plusieurs doctrines morales : à laquelle
se fier?

Justice étant faite de celle de l'intérêt, fille du
doute et de l'athéisme, il faut encore choisir entre
différentes manières de comprendre le devoir, lesquelles dépendent des différentes idées qu'on a du
législateur souverain. Dire que l'homme doit pra-
tiquer la morale qui est conforme à la volonté de
Dieu, n'est rien dire : quelle est cette volonté? En
d'autres termes, qu'est-ce que l'homme? D'où
vient-il? Où va-t-il? Problème redoutable, dont
la solution contient toutes les solutions, morales,
politiques, sociales, la règle des individus, comme
celle des nations.

Les religions le résolvent à leur manière ; je
pourrais faire appel à leur bienfaisante autorité,
et résoudre à mon tour le problème, d'un mot, en
disant, par exemple, aux peuples, avec Fénelon :
Soyez chrétiens ! Mais de qui serais-je entendu,
en parlant de la sorte? De ceux-là seulement qui
sont déjà chrétiens. Encore m'entendraient-ils de

différentes façons, puisqu'ils se divisent en morale. Exemple : *La justification par la foi seule ; la justification par la foi et les œuvres.* — Or, il me faut parler à tous , c'est-à-dire poser quelques notions générales, claires, universelles, auxquelles les hommes de toutes les opinions puissent se rattacher.

Dans les limites de l'ordre naturel , nous ne connaissons Dieu et ses volontés, notre destination, notre fin, la règle de nos actions, que par l'observation de nous-mêmes. Cela est vulgaire à dire , mais il faut le répéter. C'est en nous, c'est dans notre conscience, que nous trouvons Dieu et ses lois marquées au coin d'une autorité souveraine, empreintes avec éclat du cachet de l'obligation. Ceux-là mêmes dont la tradition est le plus ferme appui rendent hommage au principe d'autorité morale de la conscience. Je n'en cite que deux, peu suspects, saint Thomas, Domat. — Saint Thomas : « La loi étant la règle et la mesure des » actes humains, appartient nécessairement à la

» raison ; la proclamation de la loi naturelle a lieu
» par cela même que Dieu l'a placée dans le cœur
» de tous· les hommes , et la leur a fait connaître
» naturellement. » (1) Domat : « La religion nous
» fait voir les principes qui règlent l'ordre des
» sociétés avec tant de clarté, qu'on aperçoit que
» l'homme ne les ignore que parce qu'il s'ignore
» lui-même , et qu'ainsi rien n'est plus étonnant
» que l'aveuglement qui lui en ôte la vue. » (2)
— Donc , la loi naturelle peut et doit découler ,
pour nous , d'une source claire à tout regard et
universelle , de la conscience de l'homme , où gît
le secret de sa nature et de ses rapports.

Au reste, pour faire à l'étude de la conscience sa
vraie part, pour constater son importance, j'ajou-
terai qu'on a vingt fois prouvé, depuis Platon, que
sans une psychologie quelconque , spontanée ou
réfléchie , les actes humains qui tombent sous le
regard , comme les conseils qui arrivent aux sens,

(1) *Somme théologique.*
(2) *Lois civiles.*

ne sont pour nous que la lettre morte d'un langage inconnu. Nous sommes, en effet, vis-à-vis des choses comme l'animal et le tout petit enfant, jusqu'à ce que la conscience, qui n'en est d'abord que le miroir, devienne l'interprète de leur signification. C'est ainsi que toute action n'est qu'un fait, que tout enseignement n'est qu'un son, s'ils ne trouvent un écho dans l'âme humaine, si l'entendement ne tire leur sens véritable de son propre fond : c'est ainsi que tout relève, en définitive, de l'homme intérieur. — Que lui parlez-vous d'aimer, s'il n'est amour, ou de faire et de chérir le bien, s'il n'en a l'idée !

On m'arrête. — La conscience trompe de mille manières, détournée par l'erreur, ou aveuglée par la passion. Fénelon répond : « Cela n'empêche pas » qu'il y ait une règle de morale sûre au fond du cœur. » (1) — J'ajoute, dans l'esprit de ses doctrines : l'évidence est le *criterium* de toute vérité, morale ou autre, et si la conscience nous égare,

____

(1) *Lettres spirituelles.*

c'est qu'il importe à notre destinée que nous apprenions à l'interroger et à la rectifier. Dieu voulut que la connaissance du bien, comme sa pratique, que la science, comme la vertu, fussent le fruit de nos labeurs.

II

J'essaierai de justifier par l'observation de la conscience ce grand principe de la morale cartésienne, savoir : *que c'est dans la nature d'un être qu'on doit chercher sa destination, sa fin, et que c'est à cette fin qu'on doit demander la règle de sa conduite.*

Les faits essentiels qui caractérisent notre nature sont, outre diverses tendances nécessaires qui expriment nos besoins, outre ces choses et au-dessus d'elles, le libre arbitre humain, ce grand instrument du choix, du mérite, de la perfectibilité.

Magnifique pondération ? D'une part, des tendances instinctives, fatales et de divers ordres, qui, livrées à elles-mêmes, marchent droit, on le sait, à leur plus prochaine satisfaction ; de l'autre, la raison qui les limite, en élevant l'homme, de la satisfaction prochaine à l'intérêt bien compris, de l'intérêt à la notion supérieure de devoir ou d'obligation morale ; puis, entre ces forces, la liberté, qui hésite et combat, décroît ou se perfectionne, accomplissant ainsi les desseins de la création.

Effacez un de ces termes, et tout croule ; la loi morale a disparu. Sans la liberté, l'homme n'est plus responsable ; sans l'obligation absolue, il n'est tenu à rien ; sans l'idée de la fin, il ne sait où aller. Il s'agit donc de les voir tous et de les bien voir, en eux-mêmes et dans leurs rapports, de ne pas fausser la nature, surtout de ne pas la sacrifier à quelque théorie décidée d'avance à s'imposer. Montrons comment on les nie, ou comment on les altère.

D'abord la liberté. — Elle consiste essentiellement dans le libre choix , quel que puisse être l'objet du choix, le motif, ou le mobile. L'objet du choix est l'élément accidentel de l'opération, la faculté de choisir est son élément constitutif. Quand on a conscience, en agissant, qu'on possède la force de s'abstenir, et, en n'agissant pas, qu'on pourrait agir si on le voulait, on connait par expérience interne l'essence même du libre arbitre, quel que soit le motif ou le mobile de l'action. Et cependant certains raisonnent ainsi : dans tout acte humain, le motif le plus puissant l'emporte. Ce qui revient à asservir entièrement la liberté aux motifs, l'actif au passif, à nier la liberté, la responsabilité. C'est là que mène une analyse incomplète : pour n'avoir aperçu que l'élément accidentel, le motif, le dialecticien met en question ce terme de liberté , dont se servent partout les hommes, et l'efface de la conscience.

Autre exemple : que si, au lieu de partir de faits clairs et bien connus, pour s'élever aux causes, dédaignant d'observer, on part *a priori* de causes imaginaires : qu'arrive-t-il ? Qu'on se sert d'un principe vrai comme d'un principe faux, et de ce principe faux comme d'une mesure de tout, avec une funeste rigueur. C'est ainsi que certains théologiens descendent de leur notion, soit traditionnelle soit métaphysique, de la prescience divine, pour décider du libre arbitre de l'homme, pressent le principe et nient enfin la liberté.[1]

Voyons la question d'obligation. — Elle ressort de l'idée nécessaire de bien réel et de mal réel, de bien à faire et de mal à éviter, que Dieu a placée dans notre âme comme une lumière par excellence et comme un ordre souverain. L'observation, soit naïve soit réfléchie, de la nature, ne méconnaît jamais ce commandement, cette idée fondamentale : mais l'hypothèse ! L'hypothèse essaie encore ici d'altérer ou d'obscurcir la vérité. — Ce qui est bien, dit-on, pour l'un, est mal pour l'autre ; le bien et le mal varient selon les temps, les circonstances, les lieux ; donc ce ne sont qu'objets relatifs ou de convention, qui n'obligent pas en conscience.

— Dangereuse et vulgaire objection ! Il y a là quelque lacune, quelque chose d'oublié, de méconnu. Certes, il y a l'omission d'un fait permanent, invariable, universel, l'oubli de l'idée du devoir en général, l'oubli de l'idée abstraite d'un bien quelconque à faire, laquelle vit immuable dans l'intention de l'agent. Ce qui varie, c'est l'*accidentel,* c'est le motif de l'action, c'est la vue du but prochain que l'intention doit chercher ; ce qui ne varie pas, ce qui échappe aux conventions comme aux systèmes, aux opinions comme aux préjugés, c'est la nécessité d'une intention droite.

Quant à l'idée de la fin, elle se lie étroitement aux notions fondamentales, à celle d'obligation, par exemple ; elle en est à proprement parler la conclusion. Si l'une vient à manquer, l'autre s'efface ; si les prémisses sont le vide dans la conscience quant à la réalité du devoir, la conclusion est le néant quant à notre destination. Et la conséquence de cette situation, pour la conduite de la vie, devrait être la loi du plaisir, ou celle de l'intérêt bien compris. Mais si, sur le témoignage de l'observation, d'une observation saine, je rétablis le principe oublié, la fin méconnue, si je dis : il y a une règle obligatoire, donc un législateur souverain, du bien, du mal, un choix à faire, une possibilité de choisir, un mérite, une culpabilité, une justice, une sanction, une autre vie pour tout réaliser et pondérer, puisque celle-ci est loin d'y suffire ; si je parle ainsi, enchaînant des idées corrélatives, j'embrasse une partie de ma destinée, de ma fin, j'aperçois Dieu. — Ceci soit dit, pour montrer en peu de mots la nécessité de connaître en eux-mêmes et dans leurs rapports, ces trois termes de notre conscience : *la liberté, la loi, la fin,* qu'une analyse approfondie peut seule arracher aux sophismes.

III

C'est sur l'oubli de ces principes que Saint-Simon,

Owen, Fourier, ont construit leur idole. Voyez comme une erreur d'observation nous trompe sur nous-mêmes, sur notre fin, sur Dieu, et nous livre aux faux systèmes. Ces réformateurs se font un homme entièrement passionnel, passif, entièrement asservi aux motifs et aux mobiles : que lui faut-il? Un milieu capable de favoriser et de développer ses passions ; c'est le phalanstère, ou tout autre théâtre de satisfaction sans limites des instincts. Là, toute passion, *bonne de sa nature,* dit la doctrine, *puisqu'elle est créée de Dieu,* grandit sans obstacle, l'attrait règne seul ; avec la lutte et le sacrifice, le vrai mérite a disparu. Que signifient après tout lutte et sacrifice ? Ne sont-ils pas une peine, c'est-à-dire un mal, et Dieu peut-il vouloir, pour sa créature, autre chose que le bien ? Ainsi parle le Fouriérisme.

Je me justifie par quelques citations : « L'être » humain, dit M. H. Renaud, l'un des interprètes » les plus fervents et les plus clairs de Fourier, est » composé de trois principes : *les passions,* principe

» actif et moteur; *l'intelligence,* principe neutre et
» régulateur; *le corps,* principe passif et mu... La
» volonté ne naît que des désirs, ou des passions;
» toute action libre de l'homme, tout emploi vo-
» lontaire de son corps et de son intelligence,
» est *déterminé* par un désir : c'est ce désir que
» Fourier appelle passion. » (1) — L'école place,
évidemment, l'activité où elle n'est pas, dans le
désir, dans la passion; le désir est subi par nous,
il incline la volonté et ne la *détermine* pas, comme
le croit Fourier avec le *Déterminisme.* C'est dans
la volonté seule que réside la vraie activité; c'est
de son fond, qu'émane la vraie détermination. Si
on oublie ce grand fait psychologique, on n'a plus
qu'un sujet *passif.* Le principe *neutre* du Fouriérisme, l'intelligence, est incapable de remplacer la
volonté; l'intelligence, en effet, voit, connaît les
choses, que l'homme le veuille ou ne le veuille
pas, mais elle ne prend pas de décision. Qu'est-ce
donc qu'un régulateur sans initiative, *neutre,* ou

(1) H. Renaud, *Solidarité.*

sans activité ? Ce n'est qu'un spectateur impuissant de notre esclavage. Aussi bien, dans le Fouriérisme, la passion est tout ; c'est à la satisfaire que s'applique l'ingénieux réformateur. « Dans la so
» ciété à découvrir, nous dit M. Renaud, la raison
» et la passion seraient en parfait accord ; *devoir*
» *et plaisir n'auraient qu'un même sens ;* là , sans
» inconvénients et sans calcul, *l'homme suivrait sa*
» *pente ;* là, n'écoutant que l'attraction, il n'agirait
» jamais par contrainte ; là , par conséquent , il
» trouverait de l'attrait dans toutes ses fonc
» tions. » (1) Est-ce assez clair ? Nous a-t-on bien enlevé la lutte et le sacrifice , ces deux parts sublimes de notre infirmité ? Oui, mais aussi : « Nous
» promettons aux hommes, ajoutent-ils, un milieu
» social où l'ordre naîtra *du libre essor de tous*
» *leurs penchants.* » (2) — A merveille ; tout désir, toute passion auront leur essor complet ! Quel sera donc l'emploi de la volonté souveraine ? Je ne lui

(1) *Solidarité.*
(2) *Solidarité.*

on trouve plus ; à moins qu'elle ne serve à choisir entre des désirs contraires et égaux en intensité qui se font équilibre. Ce serait un rôle misérable, celui de la liberté d'indifférence ; mais l'école ne nous fait même pas cette concession ; du libre arbitre humain elle ne conserve que le titre. — Owen et Saint-Simon sont plus décisifs encore contre la liberté. Leur formule commune est celle-ci : — *L'homme est né pour le bonheur.* — Non pour un bonheur conquis par l'activité, mais pour un bonheur immédiat offert par ce monde à nos passions.

Il s'agit de savoir si, dans le plan providentiel, les passions sont bonnes , indépendamment de la liberté , faites pour être assouvies , non dirigées ? ou si le bien suprême ne consiste pas précisément dans la direction des tendances par la volonté, sous l'œil de la raison ? Il s'agit de savoir si, au sens de Malthus , la vertu consiste à tirer des matériaux dont nous sommes pourvus, la plus grande somme de bonheur possible ; si en un mot le plaisir est notre loi ? ou si l'idée de Dieu n'a pas été de placer plus haut le but de la vie, de mettre l'agent libre entre le plaisir et le sacrifice, pour le conduire, ailleurs, à la récompense de son dévouement ? Il s'agit enfin de décider si le cri de la conscience de celui qui se dévoue, même sans résultat, est un mensonge, si la joie ineffable de son âme n'est qu'un vain préjugé ? — On le prétendra, on niera ainsi la légitimité des hommages rendus dans tous les temps à ceux qui savent faire à eux-mêmes et aux autres l'abandon de leurs plaisirs. On méconnaîtra ce grand fait psychologique et la forme sociale et la morale qui en découlent, pour les remplacer arbitrairement par un système !

Mais de quel droit ? De quel droit, sous prétexte de détruire un prétendu mal, priver les hommes de leur plus belle prérogative, celle de choisir entre le mal et le bien ? De quel droit leur dire : Être vertueux, ou mériter, c'est réussir et jouir ? Sur quelle base observable appuyer ces principes ? Faut-il que toutes les langues, restreignant le sens élevé du terme mérite, le confondent avec les mots

de valeur personnelle, ou de succès? non : la nature, plus forte que les sophistes, ne permet pas
plus qu'on mutile le langage de l'homme que son
intelligence et son cœur.

Je rétablis donc la vraie formule : l'homme est
né pour le bonheur, mais à la condition de le mériter, de le conquérir. — Mériter, conquérir, tout
est là ; la liberté, le travail, le sacrifice et leurs
contraires, la gloire, la honte, la volonté divine
et le but de l'humanité.

Ainsi, c'est réellement de l'idée de la fin, de la
notion de Dieu et de son dessein, que découlent,
outre l'autorité des premiers principes, la science
des préceptes régulateurs de nos actions. Ceci me
ramène à mon point de départ, sans Dieu point de
société humaine. Donc il faut le chercher sans
cesse, et avec d'autant plus d'ardeur et de réflexion, que de l'idée qu'on en a dépendent les
formules politiques, morales, religieuses, sociales,
toutes les conceptions relatives aux rapports des
hommes avec le ciel et des hommes entre eux.

IV

Dans l'absence des droits, des secours, des bienfaits de la tradition religieuse , de la religion de
fait , s'il n'est pas donné à tous d'atteindre à cette
métaphysique, il leur est accordé du moins, comme
le remarque sagement Cicéron , de lire en eux-
mêmes ces termes universels : *il y a des devoirs !*
Oui, de quelque source qu'ils viennent et de quelque façon qu'on les comprenne, il y a des devoirs.
L'unanimité des écoles , sur ce point fondamental ,
est frappante et très-utile à observer. Elle dit
hautement que la morale est supérieure aux systèmes, indépendante des opinions et des partis. Si
bien qu'il n'est pas jusqu'au scepticisme qui ne
s'incline à son aspect. C'est Diderot, je crois, qui
s'étonne , en dissertant sur Malebranche : *qu'on
fasse dépendre la conduite des hommes de la vérité
d'un système métaphysique.* C'est Hobbes, l'apôtre

de la force, le contempteur du droit, qui nous parle partout, au sens absolu : *des devoirs des sujets!* Je n'insisterai pas.

Mais la masse des hommes ne connaît pas philosophiquement la route à suivre, le but, la fin : Dieu y a pourvu. Comment? De deux façons, dans les limites de l'ordre naturel où je me renferme. Dieu y a pourvu par *l'instinct moral*, et surtout en plaçant le mérite de l'homme, cette fin suprême, dans le bon vouloir, dans *l'intention du bien*. Je m'explique. Pour bien agir, écrivait-on à Descartes, ne faut-il pas connaître la vérité, le vrai bien? Il répond : « Sans doute, il est excellent d'être éclairé, » mais la moralité d'un acte gît dans l'intention ; » or, la rectitude de l'intention dépend de la vo- » lonté, non des lumières. » (1) — Cette remarque est décisive et pleine de sens ; elle maintient, en morale, la distinction féconde que Descartes fait partout entre la *certitude* et la *conviction* ; elle montre que la conviction, bien que laissant une

(1) *Lettres à la princesse Élisabeth.*

part à l'erreur, suffit à la conduite ordinaire de la vie, qu'enfin la moralité ou l'immoralité d'un acte dépend des seules intentions de la volonté. J'ajoute, cependant, pour ne pas sauvegarder l'ignorance et fournir un prétexte ou une excuse au fanatisme, que l'intention n'est innocente ou méritoire, que si, antérieurement à l'acte, elle a fait incessamment effort pour connaître la vérité, le vrai bien.

Il résulte de ce qui précède, que l'indication première et pressante, pour faire vivre et progresser les sociétés dans la paix et l'amour, c'est de purifier peu à peu, mais incessamment, les volontés ; que la seconde, c'est de les éclairer. On remplit l'une et l'autre, en élevant les générations vers Dieu par l'idée du devoir, en les conduisant à la pratique éclairée du devoir, par une recherche constante et réfléchie du but ou de la fin.

V

Est-ce là tout? non : le devoir fût-il senti, la fin fût-elle aperçue, il nous faudrait encore la force, la vertu d'y arriver. Nos passions, nos désirs, nos instincts nous obsèdent ; notre côté passif nous entraîne souvent au-delà de ce qu'exige la droite raison. — Que faire ? — Descartes trop peu consulté et si digne de l'être comme moraliste sagace et profond, nous le dit d'un mot : « Il faut » fortifier sa volonté, se faire en toute chose une » habitude de la direction de son esprit. » (1) — Précepte fécond si on veut le comprendre ; Descartes sait ce qu'il demande et où il va, en nous parlant de l'*habitude* de diriger notre esprit. L'habitude est, en effet, une vertu souveraine, qui ne s'acquiert pas, mais qui ne se perd pas non plus

(1) *Lettres à la princesse Élisabeth.*

dans un instant. Ne parlons que de l'habitude du bien, pour simplifier la question.

Malebranche la considérait, au fond, comme le fruit de notre *innéité*, ou de la répétition de nos actes, et toujours comme un secours, comme un moyen et un but providentiels. Quoiqu'il en soit de cette belle doctrine, il est certain que l'habitude *acquise*, sous l'influence de l'éducation et de l'exemple, est surtout la fille d'une longue et constante *bonne volonté*, et qu'une fois formée, elle vient au secours de la volonté sa mère et lui facilite l'action. D'où leur progrès mutuel par secours réciproque, d'où leur intimité.

D'autre part, il n'est pas moins clair que l'habitude innée est le bénéfice de l'hérédité et comme le prix des vertus d'une race. Innée ou acquise, dans la race comme dans la nation, dans celle-ci comme dans l'individu, l'habitude persiste avec opiniâtreté et ne se modifie qu'avec peine et lenteur. Son attribut essentiel est la lenteur dans le changement. Elle est assez mobile, pour qu'on puisse l'acquérir ou la perdre , assez stable pour fonder un caractère, une base de progrès.

Et maintenant , si l'habitude a , comme tout paraît le démontrer , des conditions organiques , il faut croire qu'elles sont , à leur tour, le résultat, le prix, ou de la naissance, ou de la répétition des actes, et, dans tous les cas, un secours naturel, un bienfait pour la volonté. On comprend encore par là, la lenteur d'évolution de l'habitude, et sa transmissibilité.

Que la volonté donc s'exerce pour conquérir ce trésor, qu'elle se donne le droit d'y puiser une activité toujours plus sûre d'elle-même, plus stable, plus facile ; le droit non moins beau de la transmettre peut-être aux descendants. Quelle puissance que la volonté, quelle dignité que sa dignité, mais aussi quelle responsabilité que la sienne ! Non seulement elle contribue à former notre état permanent, gros de revers, ou riche de succès, mais encore elle règne sur l'avenir, en tant que partie du patrimoine physiologique et moral de nos enfants.

C'est ainsi — telle est la divine solidarité des générations sous l'empire du devoir, — que nous devons à nos fils d'amasser en nous ce patrimoine, ce germe de leur destinée, comme ils nous doivent, à titre de devoir pareil, de conserver et d'accroître le précieux dépôt des habitudes, qui seules font la force et la grandeur des individus, comme des sociétés.

La tradition, dans son sens le plus intime et le plus profond, la tradition incarnée pour ainsi dire dans la vie d'une société, n'est pas autre chose que l'ensemble de ses habitudes. La tradition est, à ce titre, une force considérable, un grand fait. Mais l'esprit de l'homme conçoit des vérités supérieures au fait qui existe, des principes qu'il voudrait atteindre, convertir en réalités, faire passer à l'état d'habitudes à leur tour. La tradition résiste, l'idée insiste ; de là le conflit. L'antagonisme du principe et du fait se pose incessamment dans l'histoire, et s'y pose de diverses façons ; je ne fermerai pas cette introduction sans dire un mot de cet im-

portant phénomène, que je rencontrerai plus d'une
fois sans doute dans le cours des discussions que
je compte soulever.

VI

M. Guizot a écrit cette ligne : « On doit savoir
» tenir compte des principes et des faits, tenir
» compte de la vérité et de la nécessité. » (1) —
Tel est le grand principe de la vie pratique, pour
les individus comme pour les sociétés.

A tous, il faut un idéal, une fin dernière, une
lumière fixe à l'horizon, un principe : sans cela où
aller ? Mais est-ce à dire qu'on doive y marcher
droit, ou mieux s'y élancer, sans tenir compte des
obstacles ? Non : ce serait destiner notre fragilité
à une chûte inévitable. Il importe au contraire de
compter avec les accidents du sol, avec la néces-

(1) *Hist. de la Civil. en Europe.*

sité, de savoir faire deux pas, au lieu d'un, pour ne pas se briser à l'écueil, de s'arrêter parfois, de marcher hardiment lorsque la plaine se présente, d'employer toujours le moyen qui conduit légitimement au but suprême, qui contient le mieux l'idéal.

La part que l'on accorde à la nécessité, au fait, n'est, après tout, qu'une glorification du principe, puisque c'est le meilleur moyen d'aller vers lui. Il y a deux grandes fautes à éviter ; l'une consiste à immoler le principe au fait, l'autre le fait au principe ; l'abus de l'esprit théorique mène à celle-ci, l'abus de l'esprit pratique conduit à celle-là ; il s'agit de tenir ferme entre ces extrêmes.

Comment ? — En ne se fiant qu'à l'observation et à l'induction rationnelle qui la complète, sans cesser de rester maître de soi-même, ou, comme dit Descartes, de la direction de son esprit : à l'observation interne, d'abord, qui fournit les vérités fondamentales, les axiômes ; puis à celle des choses, à l'histoire, cette psychologie en action qui jette tant de jour sur l'autre. Seulement, à l'intérieur comme à l'extérieur, il faut bien voir et tout voir ; la raison opérant par induction fait le reste. Elle ne fonde ainsi que des probabilités, mais la probabilité est la trame dont notre vie pratique est faite ; il faut cesser de vivre, ou s'en contenter.

En définitive, l'œil fixé sur le principe et sur le fait, saisir dans le passé, éclairé et interprété par l'observation de nous-même, la situation la plus conforme à la situation présente, voir ce que tel moyen a produit de résultats, ce que telle cause a contenu d'effets, et agir d'après ces données, telle est la part de notre imperfection. L'homme de génie est celui dont l'intelligence est assez forte pour réunir, l'âme assez vaste pour embrasser cette immense statistique, cette série sans fin de nuances dans les rapports de cause à effet, pour distinguer non-seulement le vrai dans une complexité illimitée, mais pour tenir présente, parmi tant de données, celle qui se trouve applicable au cas actuel, et digne de dicter un conseil. C'est là l'art des grands moralistes, des grands capitaines et des hommes d'État.

J'insiste sur cette page, elle renferme la méthode générale qui sert à résoudre la plupart des problèmes politiques et moraux.

Remarquons que partout et toujours les données de l'histoire judicieusement analysées indiquent de plus en plus la bonne manière d'agir en présence du principe et du fait. Les noms qui caractérisent en général cette bonne manière, sont ceux de modération, de prudence, de mesure, de transaction.

Si l'homme était parfait, ces mots n'auraient plus de sens, les idées qu'ils représentent n'ayant plus d'emploi. « Chacun, comme le dit Fénelon, » ferait par amour de la vertu, ce qu'il fait par » crainte, ou par intérêt; on n'aurait pas besoin » de lois positives, ni de punitions, la raison se- » rait notre loi commune. » (1) — Ce qui signifie que le principe serait entièrement d'accord avec le fait, ou que les concessions se feraient tellement

(1) *Essai sur le Gouvern. civil.*

d'elles-mêmes, qu'elles ne seraient plus des concessions. Malheureusement, il n'en va point ainsi ;
une fois le mal introduit dans le monde, et avec le
mal l'habitude du mal, il a fallu, d'une part, réprimer l'excès, de l'autre, compter avec le fait, le
tourner, pour ne pas s'y heurter, permettre, dans
de certaines limites, le moindre bien, l'erreur, pour
arriver au mieux, en un mot tolérer, transiger.

Le fait le plus général de toute organisation
politique, c'est le commandement et l'obéissance ;
ce sont choses de nécessité. Il en résulte souvent,
vu les passions des hommes et leur infirmité, l'abus
du commandement légitime, l'abus d'un droit ; l'abus
de la résistance, c'est-à-dire la révolte, l'oubli d'un
devoir. D'où le désordre. « Presque tous les grands
» désordres, nous dit Fénelon, viennent de deux
» tendances opposées, l'amour de l'autorité sans
» limites et de l'indépendance sans frein. » (1) —
Quel est donc, relativement à l'ordre, la première
vertu d'une société ? C'est la modération. Que

(1) *Essai sur le Gouvern. civil.*

signifie ce terme ? Pour une des parties , il veut dire : abandon prudent et raisonnable d'un droit trop strict et trop rigoureux ; pour l'autre : usage prudent et raisonnable, usage discret, de tout ce que procure cet abandon. Entre un père et un enfant, par exemple, dans la Société domestique, c'est une transaction tacite ; dans la Société politique, c'est une transaction tacite, ou écrite, c'est la tolérance convenable dans les mœurs, dans les lois, ou dans l'usage des lois.

Le principe de modération , de tolérance mesurée , d'où dérivent les transactions, a été, est, et sera toujours un des grands instruments de la civilisation. J'ai hâte de le dire , la tolérance, cette vertu moderne, n'emporte pas avec elle le moindre abandon des intérêts de la vérité, du droit ; si elle capitule avec les personnes, ou avec les faits, c'est en réservant intacts les droits du juste et du bien.

Tolérer apparemment ce n'est que souffrir un mal que l'on croit convenable de ne pas empêcher. Dieu lui-même ne permet-il pas le mal, ne le tolère-t-il pas , pour le faire servir à ses fins ? — Mais , dit-on , vous accordez ainsi une prime à l'erreur, vous lui faites un droit ! — En aucune manière : je n'emploie que le meilleur moyen de la déraciner. Quand je tolère l'opinion d'autrui, et même quand je transige avec autrui, je ne transige pas avec ma conscience, je fais seulement une concession à la paix et à l'amour, qui sont les premiers des biens. Ce n'est pas ce que je juge être l'erreur d'autrui que je respecte, c'est la personne, l'intention, la bonne foi, afin que le même avantage me soit fait, que le même hommage me soit rendu.

Et ce que je dis des opinions, qui ne contiennent pas la certitude , et semblent par essence se prêter à la transaction , n'est pas moins applicable aux convictions les plus fermes. — Pourquoi?— Parce que, si sûres qu'elles soient d'elles-mêmes, elles comprennent, ou doivent comprendre qu'elles ne sont pas essentiellement évidentes, claires de leur nature à tous les esprits, et qu'il est par conséquent possible à certains de ne pas les admettre. D'où la nécessité de tolérer, quelquefois l'indication de transiger.

Il a fallu bien des chocs, bien des déconvenues, bien des larmes et bien du sang, avant que cette vertu pacifique, qu'on nomme la modération, ait pu devenir une habitude de l'esprit humain. Et cependant la tolérance n'est pas, comme quelques-uns le croient, le fruit de l'indifférence, de la fatigue, du scepticisme, du dédain ; à de pareils titres je la repousserais comme un germe de désorganisation ; c'est une fille du temps, de la douleur, de la charité, du retour lent de l'humanité sur elle-même, de la réflexion. Le christianisme, aidé des rudes leçons de l'histoire, a singulièrement servi à la propager. Mais la philosophie moderne (j'appelle surtout de ce nom l'*esprit* du cartésianisme), peut revendiquer sa part du bienfait.

Il faut rendre l'hommage qui lui est dû à la réflexion moderne, à la philosophie qui descend d'en haut, mais qui s'infiltre partout. La tolérance, j'aime à le constater, doit plus qu'on ne le présume, à cette distinction si utile et si vraie que Descartes établit rationnellement, fortement, que les hommes font d'instinct entre l'*évidence* et *ce qui n'est pas elle*, alors même que cela détermine la parfaite conviction. Mais où rencontre-t-on l'évidence ? Dans quelques objets d'aperception immédiate, dans quelques axiômes seulement. La conviction au contraire remplit la vie : or il suffit qu'on sache irrévocablement qu'une différence de nature existe entre elle et cet état absolument clair de l'esprit qui résulte de l'évidence, pour qu'on soit particuliè-rement disposé, dans sa sphère ainsi très élargie, à la tolérance, à la modération.— Tel a été, tel est le résultat de ce grand mouvement de doute métho-dique et de recherches communiqué au xvii° siècle par Descartes, et qu'il faut suivre de près, selon l'ex-pression d'un grand écrivain de notre temps, dans les livres, les salons, les cloîtres, les écoles, les académies, et jusque chez le public, pour bien en apprécier l'influence pleine de lumière et de paix. (1)

(1) Cousin, *Frag. de Philos. Cartésienne.*

Cependant la tolérance doit s'arrêter quelque part ; elle a ses limites. Oui : permettre, souffrir, peut devenir un crime, transiger peut devenir un forfait. Si , par exemple , le bien faisait au mal l'abandon de tous ses droits , il n'y aurait plus transaction, il y aurait oubli du principe et du but. Quelle est la juste mesure ? Il n'y en a point de formulable , *in abstracto ;* cette mesure se prend , comme je l'indiquais tout-à-l'heure , quand on est aux prises avec les choses , dans l'observation du passé , et s'obtient par induction , à nos risques et périls.

Je m'arrête ; ces quelques considérations générales remplissent mon but ; elles répandront , j'ose le croire , assez de jour sur les différentes parties de ce livre. J'ai fait appel à la morale , cette base seule immuable des gouvernements humains, mais sans l'exposer. Il me suffisait de constater sa réalité, son origine, en la débarrassant des plus grosses objections , d'affirmer son importance de premier ordre au point de vue politique , puis d'appeler l'attention sur cette haute hygiène du père de la philosophie moderne, qu'il conviendrait d'appliquer aux hommes, pour leur rendre habituelle, familière, la pratique de la vertu.

ESSAI

SUR LES PREMIERS PRINCIPES

DES SOCIÉTÉS.

CHAPITRE PREMIER.

—

Origine des Sociétés humaines.

I. Je ne veux point chercher, dans ce livre, la nouveauté mais la vérité ; si je commence par certaines choses connues, c'est que trop de sophistes les ont obscurcies et que beaucoup de gens les ignorent. A ce double titre, les trois premiers chapitres, qui sont de préparation pour des discussions graves, auraient leur raison d'être, si même ils ne contenaient aucun argument nouveau, et ne présentaient pas des principes indispensables.

Quoi.qu'il en soit, je prends pour devise, au moment d'aborder un sujet difficile, cette parole de Montesquieu : *Je n'ai point tiré mes principes de mes préjugés, mais de la nature des choses.* (1) Avant moi, d'autres l'ont invoquée, et pour conclure dans divers sens ; chacun observe et raisonne à sa manière ; que la raison publique décide entre tous.

La société humaine est un fait ; d'où vient-elle ? Distinguons, puisque le veulent les doctes ; il y a deux sortes de sociétés : celle qu'on est convenu d'appeler imparfaite ou domestique, la famille ; celle qui prend le nom de parfaite ou politique, la réunion des familles telle que nous la présente l'histoire de la civilisation. — Imparfaite ou parfaite, d'où vient la société ?

Les uns la font sortir d'un pacte, les autres de lois nécessaires ; les conséquences les plus considérables découlent du parti qu'on prend. Si d'un pacte, les hommes incessamment maîtres d'eux-mêmes, peuvent rompre d'un mot le lien factice qui les unit ; si de lois nécessaires, ils sont forcés de subordonner à ces lois les caprices de leurs volontés. D'où deux principales écoles : je cite quelques noms.

(1) *Esprit des Lois.*

Hobbes, d'une part, parmi les modernes, soutient que tout émane d'une convention, et que l'état social n'est qu'un moyen utile (1). Le sage Pufendorf, le croirait-on, sans nier le principe de sociabilité, arrive par voie indirecte au même écueil. Comment ? En divinisant en quelque sorte le fait politique actuel, en le prenant pour un principe, pour un droit, en le donnant, tel quel, pour base à la morale publique, au lieu de s'enquérir du droit réel, afin de le donner pour base à la société (2). Grotius raisonne de la même manière (3). — N'est-il pas clair que ces penseurs n'établissent ainsi qu'un principe d'utilité. Si le fait périclite, par hasard, que reste-t-il ? Rien. — Mais le défenseur explicite et éloquent du pacte originel, c'est Rousseau : je résume sa formule. *Toute société est contre nature ; elle est le résultat d'une convention, d'un pacte, exprès ou tacite, que tous les membres de la société, ou le plus grand nombre, se sont engagés à observer* (4). Après lui, toute une série de libres penseurs, d'adeptes et d'hommes d'action. C'est ainsi que Rousseau a exercé une influence considérable sur les événements de notre temps, et c'est à cause de cette influence, qui

(1) *De Cive.*
(2) *De jure gentium.*
(3) *De jure belli et pacis.*
(4) *Contrat social.*

vit encore, parle et agit, que je dois jeter un regard sur les principes du maître.

2. Mais d'abord, je remarque que les adversaires d'une société de convention enseignent, d'Aristote à Montesquieu, les principes suivants : *L'homme est naturellement sociable, la société découle de sa nature, elle est la fin terrestre de ses tendances, de sa liberté, de ses désirs, de sa raison, de toutes ses facultés fondamentales.* — Telle est la doctrine antique ; il m'importe de la comparer à celle qui fut une des plus vives expressions du mouvement d'idées de notre XVIIIe siècle. Quiconque, j'ose le dire, se livre à l'étude de l'homme sans parti pris, voit la question se résoudre d'elle-même, contre la théorie du pacte, avec une lumineuse simplicité.

Il est vrai que, pour favoriser ses constructions logiques, Jean-Jacques oppose d'abord à l'observation cette fin de non recevoir. « Comment l'homme pourra-
» t-il jamais se contempler tel que l'a formé la nature,
» à travers les changements que la succession des temps
» et des choses a dû produire dans sa constitution ori-
» ginelle, et démêler ce qu'il tient de son propre fond,
» d'avec ce que les circonstances et ses progrès ont
» ajouté à son état primitif. » (1) Il ajoute : « C'est notre

(1) *Discours sur l'inégalité.*

» ignorance de la nature de l'homme qui jette tant
» d'incertitude et d'obscurité sur la définition du droit
» naturel ; aussi les philosophes sont-ils en désaccord
» sur les principes fondamentaux de ce droit, ou s'ils
» les établissent, c'est sur des données tellement méta-
» physiques, qu'il y a, parmi nous, bien peu de gens
» capables de les comprendre. » (1) — Ce scepticisme
m'arrêterait d'autant moins que Rousseau se réfute lui-
même au bas de la page, et que le *Discours sur l'inégalité,*
tout entier, proteste contre une aussi vaine négation.
Que fait le contempteur de l'observation ? Il observe
l'homme, lui aussi, à sa manière, pour reconnaître en
lui les traits du genre humain primitif. Si libre que soit
l'hypothèse, peut-elle jamais s'affranchir de la nécessité
d'observer ?

Mais il suffit de répondre : si l'essence de l'homme a
changé, il n'est plus l'homme ; si elle n'a pas changé,
que lui manque-t-il ? Rien. — La question n'est pas, en
effet, de rechercher le degré de culture intellectuelle et
morale de nos premiers parents, mais de savoir si certaines choses fondamentales, telles que, par exemple, la
liberté, ou la notion du juste et de l'injuste, ne sont pas
l'expression de facultés premières, essentielles à notre
nature, inséparables d'elle, seules capables de la carac-

(1) *Discours sur l'inégalité.*

tériser? Entre Jean-Jacques et nous, au fond, il s'agit encore du problème tant controversé de l'origine des idées : comment s'y est-il égaré?

A l'entendre, la civilisation ne serait qu'une déviation fortuite et funeste de l'état de nature ; la raison, mère de la civilisation et du progrès moral, loin de constituer une de nos facultés fondamentales, ne serait guère que quelque chose d'accidentel et de surajouté. (*Discours sur l'inégalité.*) — Qu'eût été l'homme? — Mais simplement *un être égoïste et sensible.* (*Discours.*) Vous allez voir ce résultat sortir d'une mauvaise manière d'observer. « Méditant, nous dit le Philosophe, sur les premières
» et les plus simples opérations de l'âme humaine, j'y
» crois apercevoir deux principes antérieurs à la raison,
» dont l'un nous intéresse ardemment à notre bien-être,
» tandis que l'autre nous inspire une répugnance natu-
» relle à voir périr ou souffrir tout être sensible. C'est
» de la combinaison que notre esprit est en état de faire
» de ces deux principes, sans qu'il soit besoin d'y ajouter
» celui de *sociabilité*, que me paraissent découler les
» règles du droit naturel, règles que la raison est en-
» suite forcée d'établir sur d'autres fondements, *quand*
» *elle est venue à bout d'étouffer la nature.* » (1) — Ainsi,
d'après Rousseau, la vraie nature consisterait dans un

(1) *Discours sur l'inégalité.*

amour de soi mêlé de sensibilité et de vague sympathie ; son homme n'étant plus celui de nos définitions, notre être essentiellement moral et libre, sensible, raisonnable et sociable : « *peut vivre seul, inoffensif, et même être* » *ému par le spectacle de la douleur.* » *(Discours.)* C'est une douce sauvagerie avec la sensibilité pour vertu.

Le réformateur poursuit : « De cette façon, les devoirs » de l'homme envers autrui ne lui sont pas uniquement » dictés par les tardives leçons de la sagesse, et tant » qu'il ne résistera pas à l'impulsion intérieure de la » pitié, il ne fera jamais de mal à un autre homme, » excepté dans le cas où, sa conservation se trouvant » intéressée, il est obligé de donner la préférence à » lui-même. » (1) — Pour ma part, non-seulement je n'accepte pas comme l'expression de la vraie nature, cette moralité toute négative et infime, qui consiste à s'abstenir du mal par un vague instinct de pitié, mais je la repousse au nom de la conscience. Et quant à l'exception que Rousseau apporte à son exercice, dans un cas de défense légitime, je la mets en présence d'une simple question.

Si l'homme, dirai-je, si votre homme égoïste et sensible de la nature, s'accorde trop facilement cette préférence dont vous parlez ? Si, jugeant mal des vrais

(1) *Discours sur l'inégalité.*

besoins de sa conservation, il tue son semblable pour un fruit mûr? S'il abandonne son enfant dans le danger, pouvant le défendre, il ne sera donc ni lâche, ni criminel? Non : nous n'aurons qu'à constater un fait, un défaut d'équilibre entre l'égoïsme et la sensibilité, au profit de l'égoïsme; un fait, rien de plus, car nul, s'il n'est que sensible, ne peut être responsable de sa manière de sentir. Dans l'hypothèse, un défaut de sensibilité indique des êtres mal dotés, non des coupables, produit des accidents, non des forfaits. Sachons ce que c'est qu'une pareille nature; si elle peut conduire au bien, elle n'oblige personne à le faire, si elle peut empêcher le mal, elle ne le défend pas.

D'où je conclus que si Jean-Jacques a bien interprété notre loi originelle, il n'y a plus à punir au nom de la justice, mais au nom de l'utilité sociale, à montrer aux hommes au-dessus d'eux le devoir, mais à côté d'eux le châtiment. Hobbes sera notre apôtre, et Machiavel notre législateur.

3. En attendant, il y a dans ce monde quelque raison, quelque vertu, et une ferme croyance à des devoirs qui obligent. D'où cela vient-il? Est-ce une transformation, comme dirait Condillac, de notre sensibilité, cette faculté fondamentale de Rousseau? — Certes, si l'idée du devoir n'est qu'un préjugé, si l'obligation de vouloir le bien

n'est pas absolue, on peut admettre peut-être quelque chose d'analogue à cette transformation, non sans altérer le sens du terme sentir ; mais si l'obligation est réelle, si le devoir, dont nous trouvons en nous la notion sainte, implique la responsabilité absolue *(voyez Introduction)*, je me demande comment une faculté toute relative a pu devenir cette haute idée du devoir, qui s'impose avec un caractère d'universalité et de nécessité qui ne se discute pas.

Incroyable psychologie ! Il faudrait, pour y satisfaire, que la sensibilité fut devenue autre qu'elle même, eût acquis l'essence même de la raison. Un changement d'essence ; mais c'est là ce qu'on nomme ordinairement un miracle ! N'en serait-ce pas un, qu'un être purement sensitif devînt un homme, par la conscience de sa responsabilité ? Et cela sans que le germe de cette transformation eût été déposé dans sa nature ? On ne comprendrait pas plus difficilement qu'un arbre, en se développant, pût prendre les caractères de l'animalité.

Mais que dis-je ? La responsabilité absolue dont je parle, est-elle un fait ? Si on revenait en instance parler ainsi : l'obligation n'est vraie qu'en tant que phénomène de la conscience, mais au fond, mais en tant qu'obligation réelle, elle n'est peut-être qu'une illusion de l'esprit : qu'aurais-je à répondre ? Rien : on ne dispute pas sur un objet d'observation directe ; que chacun y regarde, malheur à qui ne voit pas le soleil. Que ne puis-je nier sur le fondement d'un pareil scepticisme ? *Je sens* se prouve-t-il autrement et mieux que *je me sens obligé* ? Je demande qu'on me trouve une différence entre les titres de ces deux affirmations. — Au reste, à propos de la théorie de Jean-Jacques, ce serait le cas de répéter aux hommes, après Bossuet stigmatisant certaines hérésies : il s'est trouvé une secte qui n'a pas craint de dire au cœur de l'humanité, qu'il est plus naturel et plus beau de vivre sous la loi des instincts, sans responsabilité morale, que sous celle du devoir et du dévouement.

4. Je rencontre dans le *Discours* une dernière objection qui n'est rien, mais qui pourrait passer pour grave; la voici : « En sorte, nous dit Jean-Jacques, que les » définitions des savants sur la loi naturelle, s'accordent » seulement en ceci qu'il est impossible d'entendre la » loi de nature, et, par conséquent, d'y obéir, sans être » un très-grand raisonneur et un profond métaphysi-» cien. » (1) — J'en appelle à Descartes une dernière fois ; ce qu'il nous a dit à propos de la morale, trouve ici son application. « Il y a une différence profonde » entre l'évidence et la conviction.... la conviction suffit

_____

(1) *Discours sur l'inégalité.*

» à la conduite de la vie.... la moralité d'un acte gît
» dans l'intention.... l'intention dépend de la volonté,
» non des lumières. » *(Voy. Introduction.)* J'ajoute que
le bon vouloir, l'intention, nous conduit directement à
découvrir la loi de nature. En effet, pour vouloir le
bien, en s'y sentant obligé, il suffit de posséder l'*instinct
moral,* qui lui, par opposition au principe de sensibilité
de Rousseau, enveloppe la *raison morale,* comme le
germe contient le fruit. L'instinct dit, comme la raison,
d'une manière absolue, *il y a des devoirs (Introduction);*
seulement il le dit d'inspiration. Or, si l'instinct contient
réellement la conviction, si obscure soit-elle, du bien et
du mal, avec la croyance à l'obligation, il ne lui manque
plus qu'un peu de lumière, pour devenir la raison philo-
sophique, c'est-à-dire pour connaître le point de départ,
la route à suivre, le but. Peut-être cette lumière bienfaisante ne vient-elle pas d'elle-même? Peut-être faut-il
la mériter par l'usage constant de l'intention, de la bonne
volonté? Alors la réflexion remplace la spontanéité, le
savoir remplace le sentiment, l'enfant devient homme,
l'essence ne change pas, elle se développe avec et par
le concours de la liberté.

Ce que je viens d'écrire des facultés morales de
l'homme, et de leur développement, est vrai de toutes
ses facultés fondamentales, mères de la civilisation. C'est
pour cela que le cardinal Bellarmin pouvait écrire sans

paralogisme : *l'homme est en société, donc il était sociable !* (1) Ce haut penseur comprenait facilement que tout ce qui concerne le vrai, le bien, le juste, le beau, le grand, le pur, le saint, le divin, le parfait et leurs contraires, que tout ce qui touche à ces idées fondamentales, à ces *notions*, à ces sources du progrès humain, ne peut être, dans l'homme, une transformation accidentelle et équivoque de la sensibilité. Au même titre, en effet, que la notion du devoir, dont j'ai défini le caractère, ces éléments psychologiques s'imposent, sont déclarés bons en eux-mêmes par la conscience. Ne portent-ils pas un cachet d'autorité indéniable, qui les met à l'abri de toute participation à ce qu'il y a de relatif en nous? Eux seuls nous mettent au-dessus de l'animalité. Aussi, en les voyant à l'œuvre, en nous comme dans le monde, nous comprenons à la fois qu'ils sont constitutifs de notre espèce, et que, faute de produire ce qu'ils ont produit, savoir, la civilisation, ils seraient restés à l'état de choses inutilement créées, de facultés sans but.

Donc, en réalité, la société, loin d'être le résultat d'une convention, est le fruit d'une nécessité suprême. L'affirmation contraire est une négation des faits et de la sagesse de Dieu. — Mais il y a, dans la préface du *Discours sur l'inégalité*, une phrase à laquelle je me

____

(1) *De Laïcis.*

rattache, parce qu'elle peut conduire tout le monde, et surtout les disciples de Jean-Jacques, à une solution des difficultés que nous venons de rencontrer. « *Tout ce que* » *nous pouvons voir très-clairement, nous dit le philo-* » *sophe, au sujet de la loi naturelle, c'est que non-seu-* » *lement, pour qu'elle soit loi, il faut que la volonté de* » *celui qu'elle oblige puisse s'y soumettre, mais encore,* » *pour qu'elle soit naturelle, qu'elle parle immédiatement* » *par la voix de la nature.* » (1) — J'accepte ces conditions, et laissant derrière moi les embûches du scepticisme, je regarde agir la nature ; les faits, j'ose le prétendre, me fourniront des préceptes, ou termes de loi naturelle, que je puis présenter sans crainte à quiconque est capable de refaire de lui-même et sans idée préconçue l'analyse de l'esprit humain : s'ils n'ont pas le double caractère exigé par Rousseau, qu'on ferme ce livre, il est condamné.

(1) *Discours sur l'inégalité.*

CHAPITRE DEUXIÈME.

Origine et formation de la société domestique,
constitution de ses pouvoirs.

5. Il y a donc une loi naturelle, assez claire à la conscience de tous pour condamner qui la viole, assez obscure, comme dirait Pascal, pour sauver qui la suit. C'est, dans une large acception, la loi relative à tous les rapports des hommes entre eux et des hommes avec Dieu. Les lois civiles, les mœurs, les usages en découlent, quelle que soit leur variété. Toute coutume qui n'y a pas ses racines est condamnée. Mais quelle est donc cette loi ? Cherchons-en les bases essentielles dans l'étude de la formation d'une première société ; c'est là l'ordre pur, l'idéal ; il faut se donner ce type, pour tout y rapporter. — Encore un coup, dans les pages qui vont suivre, je n'invente pas, j'expose ; mais en écartant les sophismes, en rectifiant les erreurs, en recueillant surtout les principes. Qu'importe que je m'arrête un instant sur un terrain exploré, s'il est besoin d'y faire le jour, et si, d'ailleurs, je n'ai pas d'autre chemin. Avançons.

6. Fidèle à son erreur, l'auteur du *Contrat social* s'exprime ainsi : « La plus ancienne de toutes les socié-
» tés et la seule naturelle est la famille ; encore les
» enfants ne restent-ils unis au père qu'aussi longtemps
» qu'ils ont besoin de lui pour se conserver ; aussitôt
» que le besoin cesse, le lien naturel se dissout, et la
» famille elle-même ne se maintient que par conven-
» tion. » (1) — Je pose quant à moi, à l'encontre des idées de Rousseau, ce principe antique : la formation de la famille et son maintien sont au-dessus des conventions. Si la loi civile, ou des contrats mutuellement consentis, ratifient plus tard l'ordre de la nature, c'est qu'il importe d'imposer un frein matériel aux caprices de l'esprit humain. — Voyons comment les faits s'enchaînent sous l'œil de la droite raison.

La Bible dit : « Il n'est pas bon que l'homme soit
» seul. » (2) Aristote semble l'interpréter. « Deux êtres,
» écrit-il, qui ne peuvent exister l'un sans l'autre,
» comme l'homme et la femme, s'unissent nécessaire-
» ment par couple, par l'effort même de la nature, et
» sans que cette union soit le fruit d'une détermination
» réfléchie. » (3) Montesquieu le suit ; je me sers de ses

(1) *Contrat social.*
(2) *Genèse.*
(3) *Politique.*

poétiques expressions : « Une des lois qui concourent à
» la formation des premières sociétés a son principe
» dans le charme que les sexes s'inspirent par leurs dif-
» férences et dans la prière mutuelle qu'ils s'adressent
» toujours l'un à l'autre. » (1) — Tels sont les mobiles
de l'union, ils s'imposent.

Je néglige ceux d'attrait purement sensuel, parce
qu'ils ne fondent en fait et en droit qu'un lien passager.
Sans doute, ils obsédaient l'esprit de Jean-Jacques,
lorsqu'il écrivait cette phrase inqualifiable : « Aussitôt
» que le besoin cesse, le lien naturel se dissout. » (2)
Force est de se rattacher aux motifs et aux mobiles
d'ordre moral. Eux aussi forment l'union, mais ils
peuvent seuls, comme nous l'allons voir, chez un être
raisonnable et libre, la purifier et la maintenir.

7. Que signifie au fond cette prière mutuelle, dont
parle Montesquieu, des sexes l'un à l'autre ? *Qu'il n'est
pas bon que l'homme soit seul.* Et cela comporte que ce
n'est point sa destinée, de céder un instant, comme
l'animal, à un appétit inférieur de la vie, pour se suffire
après ; mais qu'il lui faut obéir à de plus nobles tendances, épandre ses sympathies, et comme il rassasie sa
faim, rassasier par l'union son esprit et son cœur.

(1) *Esprit des lois.*
(2) *Contrat social.*

Il y a là l'indication d'un fait psychologique plus élevé et non moins légitime que l'effort de la nature tel que le comprend Aristote ; il y a le trait caractéristique de l'union dans l'espèce raisonnable : l'amour ! L'amour apporte avec lui, d'un côté du moins, un sentiment timide, qui semble fait pour rendre l'amour même plus délicat et plus pur : j'ai nommé la pudeur. Comme l'amour, elle élève et spiritualise le but premier de la providence, qui est la procréation.

Regardons agir ces deux éléments naturels ; jugeons-les en eux-mêmes ; nous verrons après ce qu'ils laissent de sentiments et de devoirs, quand leur feu s'est éteint.

8. Par l'âme comme par le corps, l'homme et la femme diffèrent, s'appellent, se supposent l'un l'autre. Par l'âme seule, ils aspirent à ne former qu'une même et indissoluble unité : voilà l'amour. — Est-ce un mensonge, ou un préjugé poétique ? — D'où vient alors son empire universel ? — On me répond : d'où vient qu'il n'est pas moins trahi qu'invoqué ? — Cela regarde notre fragilité humaine. De ce que l'homme trahit tout, le devoir et l'honneur, suit-il qu'il faille nier leurs titres et leur légitimité ?

Considérons ce fait : à mesure que l'empire de la raison s'élargit, l'opinion, les mœurs supposent l'amour, n'existât-il pas, partout où il devrait exister. Tant il est vrai qu'on le regarde comme le sceau sacré du lien conjugal.

Ou l'amour n'est rien, ou il a sa loi digne de respect; qu'on choisisse; sa loi idéale je vais la tracer, et dire en même temps jusqu'où il faut aller, si on la repousse. — Sa loi telle qu'il la proclame avec sincérité, par tant de chants divins, de promesses ineffables, de vœux purs et brûlants confessés à Dieu, c'est l'union d'un seul homme avec une seule femme, c'est l'indissolubilité du lien conjugal.

Promesses vaines, répond le sensualisme, autant de promesses, autant d'abandons. — C'est beaucoup trop dire : mais, quoi qu'il arrive, le monde admire la persévérance dans l'amour, ou, à défaut, le respect de la plus douce promesse de l'amour, la fidélité. Pourquoi? Parce que si la flamme du cœur, dont on ne dispose pas, vient à s'éteindre, la promesse reste comme un engagement de la raison qu'il est juste et bon de respecter. C'est une des fins providentielles de l'amour, même lorsqu'il se transforme en habitude d'amitié, d'imposer ainsi aux hommes, à titre de devoir, la conservation de l'union d'un seul avec une seule.

On objecte que l'union se constitue souvent sans amour. Je distinguerai. Si, dans l'état de nature, elle se forme ainsi par consentement mutuel, pour le seul but, d'abord, du rapprochement des sexes, puis de la procréation, avec l'instinct des devoirs que la paternité fait naître, le mariage naturel se trouve légitimé par son but. J'ajoute que cet état n'exclut nullement l'amour et doit subir sa loi. — Si, d'autre part, l'union se forme, dans l'état de civilisation, sous l'œil de la loi positive, l'engagement légal supplée à celui du cœur. La loi, en effet, interprète de la raison, exige le consentement mutuel, suppose l'amour, ou, à défaut, le but de la multiplication et les devoirs sacrés qu'il impose. Sans ce fondement moral, la loi civile du mariage n'aurait pour base que le fragile appui de l'intérêt public. Ce serait encore la morale de l'intérêt, dont j'ai montré l'insuffisance. Si la loi ne possédait que cette consécration, elle ne moraliserait pas de simples convenances, et ne pourrait se promettre d'avoir pris rang parmi ces règles fondamentales qui ne peuvent périr qu'avec la civilisation.

Donc, en dehors de ces différentes promesses, implicites ou explicites, il n'y a qu'un rapport de sensualité indigne de notre nature. Pour savoir ce qu'il vaut, voyons où il conduit.

Il n'apporte qu'un fait ? Si promesse il y a, c'est un mensonge ; les sens n'ont pas le droit de tromper leur essence en s'engageant pour toujours. Que devient l'obligation du lien permanent ? Elle disparaît, avec le devoir, pour faire place à la loi du corps, qu'on nomme le plaisir ou la volupté. Cette loi n'a que deux limites, la satiété et l'intérêt. L'homme n'arrive à la satiété qu'à travers les changements, ou par l'épuisement du désir cherchant à se rallumer dans le changement même : c'est la bestiale promiscuité. — Mais l'intérêt arrêtera le désordre. — Que dites-vous ? L'intérêt privé saura le diriger, tout au plus, ou le raffiner ; et quant à l'intérêt public, qu'on me dise dans quel cercle il enfermera la volupté ? qu'on m'apprenne ce que la morale de l'utile, veuve d'un principe absolu, prétend opposer de décisif aux systèmes de la communauté dans l'amour ? Il faut le dire bien haut avec de Maistre : partout où la vertu ne relève que de l'utilité publique, elle tend à se mettre d'accord avec le délire des passions.

9. J'ai défini l'amour et montré son idéal si rarement atteint ; je définis la pudeur, ou plutôt je laisse Montesquieu la peindre. « Toutes les nations, nous dit-il, se
» sont accordées à attacher du mépris à l'incontinence
» des femmes ; c'est que la nature a parlé à toutes les
» nations. Elle a établi la défense, elle a établi l'attaque,
» et, ayant mis des deux côtés des désirs, elle a placé
» dans l'un la témérité, dans l'autre la honte ; elle a
» donné aux individus, pour se conserver, de longs
» espaces de temps, et ne leur a donné, pour se per-
» pétuer, que des instants. Il n'est donc pas vrai que
» l'incontinence suive les lois de la nature, elle les viole

» au contraire ; c'est la modestie et la retenue qui
» suivent ces lois. D'ailleurs, il est de la nature des
» êtres intelligents de sentir leurs imperfections, la na-
» ture a donc mis en nous la pudeur, c'est-à-dire la
» honte de nos imperfections. » (1) Il est interdit d'a-
jouter une ligne à ces traits aussi vrais que délicats.

La pudeur aussi a son idéal, c'est la constance dans
la virginité. Dieu a permis que la volonté humaine en
produisît, en honorât quelques types accomplis, pour
rappeler chaque femme à sa nature et montrer que la
retenue et la honte doivent présider même à l'abandon.
L'antiquité païenne respectait le modèle de la pudeur et
en confiait la garde aux prêtresses de Vesta ; le Christianisme l'éleva plus haut, le mit sous la protection des
épouses de Dieu et de leurs vœux éternels ; la moralité
de ces vœux a son fondement dans la nécessité d'un
signe visible qui fasse éclater la gloire de la chasteté.

10. Nul ne nie la pudeur, mais beaucoup ne la considèrent que comme un fruit de l'éducation, ayant pour
point de départ comme pour fondement l'utilité sociale.
Ils la tuent par ce mot qui la dépouille de son caractère
sacré, et la livre pour ainsi dire nue et sans défense aux
discussions des systèmes. Réduite à de pareils termes,

(1) *Esprit des lois.*

elle recule peu à peu devant l'attaque, et finit par tout abandonner au sensualisme vainqueur.

Toutes les vertus sans doute doivent beaucoup à l'éducation, mais il faut s'entendre ; la culture de l'âme ne fait que donner le jour et la vie à des germes enfouis et opprimés. L'éducation, en fait de notions fondamentales et de sentiments, ne crée rien, n'ajoute rien à notre nature, elle en développe le fond riche de plus d'un trésor. Elle éclaire la conscience, comme une lumière, et nous y fait voir et aimer des objets jusqu'alors inconnus. La pudeur est de ce nombre. Voulez-vous en connaître le prix ? Sachez qu'elle est l'aiguillon le plus actif, le plus chéri de l'amour, le principe le plus puissant de sa pureté comme de sa conservation.

11. C'est ainsi que deux mobiles, la pudeur et l'amour, ont un lien d'intimité au fond des cœurs. La civilisation, en répandant peu à peu leur culte dans les mœurs et les lois, n'a pas trompé l'âme aux dépens du corps. Leur langage n'est pas celui du préjugé, mais de la vérité même. S'ils sortaient d'une convention, ils pourraient obtenir l'adhésion des hommes, non leur estime et leurs respects. De quel devoir ne dira-t-on pas c'est une convention, ou un préjugé, si le caractère du bien, comme du vrai, n'est pas consacré par l'assentiment presque universel ?

Ainsi, contre ceux qui attribuent l'origine de toute société à un pacte, on prouve la nécessité du mariage et de son indissolubilité par voie d'observation psychologique et sans avoir recours aux raisons d'intérêt social. L'utilité publique n'invente pas le principe de la nature, elle s'en prévaut ; les circonstances ne l'inventent ni ne le détruisent, elles en règlent la rigueur. Elles peuvent l'atténuer, car l'intérêt d'une vérité, dans la pratique, est toujours subordonné à celui d'une vérité supérieure ; c'est à la raison de décider, sous sa responsabilité, ce qu'il est bon de faire ou d'omettre en vue du suprême bien.

12. Je passe à un nouvel ordre d'idées, qui doit me servir à consolider les vérités que je viens d'établir, mais dont le but spécial est de montrer, par le détail de la formation de la société domestique et de tout ce qui est relatif à son gouvernement intérieur, que les faits les plus ordinaires, les plus simples de la nature, sont souvent des principes qui intéressent les plus hautes questions. Je ne comprends pas l'étude du gouvernement politique sans celle de l'homme et de la famille. Il y a des problèmes compliqués dont la solution devient fort simple, quand on remonte à la source de toute solution. Voyons d'abord comment la nature développe et affermit le lien conjugal.

L'union établie par l'amour ou par le consentement mutuel, maintenue par l'un et par l'autre, et par l'habitude, se conserve encore pour et par son but. « La » nature, dit Aristote, nous inspire, comme à tous les » autres animaux, le besoin de laisser après nous un » être qui nous ressemble. » (1) Cet être c'est l'enfant, centre de la famille, lien sacré de deux amours qui se confondent en lui. Déjà notre horizon commence à s'élargir. Ce n'est plus l'homme, en effet, qui est la véritable unité sociale, c'est l'homme complété, la famille, le père, la mère, l'enfant. Aussi la famille reste-t-elle inviolable comme la conscience. Sans l'enfant il y a une lacune, une tristesse, presque un deuil, dans la société domestique, veuve de son avenir. Avec l'enfant, un astre nouveau luit sur le foyer. L'amour de l'époux pour celle qui a porté et nourri l'enfant s'augmente, en se tranformant, de toute la tendresse du père; moins passionné, il n'est que plus solide et plus moral. L'homme alors se sent en conscience obligé de protéger deux faiblesses, et cette obligation fait son bonheur. Je parle, encore une fois, de la nature droite; si, quelque part, on me la montrait, surtout à l'état primitif, dénuée de ces vertus, je demanderais avec Rousseau si l'espèce n'est plus rien parce qu'il est des monstres.

(1) *Politique.*

13. Mais à qui protège, que faut-il? —Le pouvoir. —
Qu'est-ce que le pouvoir? — Il y en a de deux sortes;
celui de fait, celui de droit. Le pouvoir de fait n'est que
tyrannie, j'en parlerai plus tard; l'autre se définit ainsi :
*la personne, soit naturelle soit morale, en qui résident
toutes les facultés nécessaires pour assurer à la communauté sa tranquillité et sa prospérité.* (1) N'est-ce pas là
la prérogative du père? Donc non-seulement il protège,
mais il fait les usages, les mœurs de la famille, et il en
punit le violement. Voilà le type des pouvoirs; il s'agit
de l'asseoir sur un fondement légitime.

Aristote écrit : « Il y a par le fait même de la nature
» et pour le but de la conservation de l'espèce, un être
» qui commande et un être qui obéit. » (2) A cette conservation, en effet, en raison de la délicatesse des soins
dont l'enfant a besoin, il faut nécessairement la famille ;
à celle-ci, la protection de la force éclairée par l'intelligence, la direction de la tendresse soutenue par la
réflexion, et même le commandement de la volonté. Le
père est le premier dans l'ordre de ces dons; donc il
tient son droit des mains de la nature, de Dieu qui le
lui révèle par le sentiment et par la raison.

Par le sentiment, car c'est spontanément, d'abord, et
selon son cœur, que le père s'associe au dessein de la

(1) Suarez. *Des Lois.*
(2) *Politique.*

création. Il sent que ce qu'il fait est bon et doux à faire ; bon en soi et relativement au résultat prochain, qui est la vie, le bien-être et la joie de la famille. Il le sent, dis-je, jusqu'à ce qu'il le comprenne, jusqu'à ce que sa raison en admette l'obligation absolue, rattache cette obligation à une suprême fin. Alors, au sentiment se mêle la notion de loi morale ; tout s'éclaircit, le père se sait directeur et maître, non pas seulement de fait, mais de droit, et il s'incline avec respect devant celui qui le constitue mandataire de sa sagesse et de ses volontés. Telle est la source de la légitimité du pouvoir des pères.

14. D'après Fénelon : « Selon l'ordre divin et humain, » de la Providence et de la police, les pères sont res- » ponsables à Dieu et aux hommes de ce que font leurs » enfants avant l'âge de raison. Chaque père de famille, » antécédemment à tout contrat, a donc un droit de » gouverner ses enfants. » (1) Les mêmes principes sont soutenus par Suarez ; je cite un court passage de son traité des lois. « De l'union conjugale, écrit-il, procède » immédiatement la société des enfants avec leurs pa- » rents, parce que le mariage a été ordonné pour l'édu- » cation, et que les enfants, dès le principe, comme » pendant un temps fort long, ont besoin de cette

______

(1) *Essai sur le Gouvern. civil.*

» société de la famille, sans laquelle ils ne pourraient
» vivre, être instruits, ni convenablement dirigés. Ce-
» pendant, de ce bénéfice, il ressort pour eux quelque
» servitude, parce que, moralement parlant, les hommes
» ont besoin du secours les uns des autres. » (1) Il y a
loin de cette doctrine, qui est l'expression de la nature, à
celle de Rousseau ; elle renferme deux principes essentiels :

1° La famille, loin d'être le résultat d'une convention,
est formée et maintenue *nécessairement* par des sentiments et des devoirs imprescriptibles.

2° Le pouvoir du père n'est pas un pouvoir de fait,
mais de droit ; c'est une autorité *typique*, une, légitime,
qui s'exerce au nom de la raison suprême d'où elle descend et envers qui elle est responsable.

15. J'ai dit que le devoir des pères était de se consacrer longtemps à l'éducation des fils. Pourquoi ? Parce
que l'attribut essentiel de l'homme, la raison, ne se
perfectionne qu'avec lenteur, et parce que le devoir de
tous, surtout des forts, est de conduire les facultés
humaines vers leur fin qui n'est pas moins science que
justice, connaissance que vertu. Mais alors la raison des
fils est formée ; elle leur dicte la reconnaissance, le

(1) *Des Lois.*

respect, la déférence pour toujours, et l'obéissance jusqu'au moment où elle leur donne le signal de l'émancipation. Mais ce dernier point mérite une attention spéciale.

16. On a nié de nos jours le droit à l'émancipation des fils, que saint Thomas, Bellarmin, Suarez, Fénelon, Bossuet lui-même paraissaient avoir mis au-dessus de toute atteinte. M. de Bonald et plusieurs écrivains sur ses traces, exagérant le principe de la puissance paternelle, ont attribué au *droit divin*, tant par rapport à la société domestique qu'à la société politique, un sens mystique et absolu qui n'est pas le sien. De là des discussions passionnées, qu'une analyse attentive des éléments de la question aurait empêchées de naître.

Si M. de Bonald a raison, si, comme il le prétend, la puissance paternelle est irrévocable, les conséquences qu'il tire de cette visée sont justes, et il n'y a plus d'émancipation. La puissance du père devient alors, comme il l'indique, la source unique du pouvoir civil, puisque les hommes perpétuellement mineurs, sont incapables, en droit, de choisir la forme de leurs gouvernements et la personne de leurs chefs. Dans cette hypothèse, le père qui tient son pouvoir de Dieu, le conserve intact, entier, inaliénable, à mesure qu'il devient le chef des familles qui se groupent autour de la sienne, qu'il devient le chef de la communauté politique, d'un mot, *le Prince*. La succession, la tradition font le reste, et la couronne est le symbole héréditaire de la paternité, sans qu'il soit jamais permis d'interrompre, ou de modifier cet ordre providentiel, ce gouvernement de *droit divin*.

Il y a quelque chose de ferme et de haut dans cette doctrine, mais elle viole ouvertement le droit qu'a la raison, en se développant, de conférer à l'homme le libre arbitre. « Vainement, dit Suarez, prétendrait-on » que du seul Adam tous les hommes furent formés, ce » qui signifie, assure-t-on, la subordination à un seul » prince ; il doit être admis qu'Adam a eu seulement la » puissance domestique et non politique : il eut puis- » sance en effet sur son épouse et sur ses fils, tant qu'ils » ne furent pas émancipés. » (1) Bossuet, qui n'est pas suspect, condamne aussi par anticipation la théorie de M. de Bonald en ces termes : « Dieu prend sous sa pro- » tection tous les gouvernements légitimes, en quelque » forme qu'ils soient établis. » (2) Or, la théorie de M. de Bonald n'accorde évidemment la légitimité qu'à une seule forme.—Fénelon enfin qui avait trop mûrement réfléchi sur le problème de l'origine des pouvoirs pour prétendre qu'aucun homme pût posséder de droit

(1) *Des Lois.*
(2) *Politique sacrée.*

naturel la faculté de régner sur la société politique, s'exprime ainsi : « L'ordre de la génération soumet les en» fants à la conduite de leur père, jusqu'à ce qu'ils » soient parvenus à l'âge de raison. » (1) C'est bien là l'émancipation, je le présume; nous allons voir ce qu'elle produit.

17. Elle produit des hommes libres, des égaux, libres dans le choix, égaux dans la responsabilité de leurs actes. D'où ce principe fondamental qui renverse toute l'économie du *Contrat social : la liberté n'est pas un droit de nature, mais un droit de raison, mérité, conquis.* — Rousseau ne peut raisonnablement écrire : *l'homme naît libre. (Contrat social.)* Qu'il dise seulement: *l'homme apporte en naissant une aptitude, un droit à devenir libre.* Nous méritons, en effet, notre liberté à mesure que nous formons notre intelligence, parce que la liberté ne doit point être aveugle, parce qu'elle ne peut s'exercer dans des conditions dignes d'elle, qu'au flambeau de la raison. Voilà pourquoi le législateur éternel fit une nécessité à l'enfant d'avoir pour conducteur un père, un droit et un devoir au père de la direction de son enfant.

(1) *Essai sur le Gouvern. civil.*

18. On nous demande à quel signe certain le père reconnaîtra que le moment convenable de l'émancipation est arrivé? Cette question se présentera plus d'une fois sous d'autres formes, et l'on verra comment elle touche à des discussions de principes encore vives et des plus importantes. Les esprits absolus exigent un signe précis, dans une matière où il n'y en a pas, où il ne peut pas y en avoir. Or, c'est là précisément qu'est le débat entre eux et nous. C'est ainsi qu'à propos des différentes formes gouvernementales, nous entendons poser ce dilemme : *liberté absolue, ou compression absolue;* faute d'un *criterium* qui fixe le choix sans crainte d'erreur, à l'exclusion de ces extrêmes. Il n'y a point ici d'autre difficulté que celle qu'on nous propose relativement à l'émancipation. Même réponse : vous demandez un signe précis, en matière où il ne peut pas y en avoir; c'est comme si vous demandiez au calcul des probabilités de nous fournir une certitude, et votre solution systématique n'est autre chose que le chiffre absolu, arbitraire, impossible, que vous proposeriez à la place des résultats aléatoires de ce calcul. — Il faut de toute nécessité que le père se décide d'après des indices nombreux, l'expérience qu'il a d'émancipations antérieures, le souvenir de la sienne propre, l'étude du caractère du fils, les essais qu'il a faits de sa raison ; considérations si complexes qu'il n'est pas permis de songer à les décrire.

Toujours est-il que le père a charge de se décider d'après ses lumières, qu'il a du rendre aussi sûres, aussi complètes que possible, par l'observation et la réflexion. Aussi prend-il une décision de cette nature, à ses risques et périls, devant Dieu ; il répondra de ses actes dans une mesure relative à ses forces, à ce que sa volonté a fait ou négligé de faire pour les perfectionner. Tel est le partage de l'homme, petit ou grand ; dans presque toutes les circonstances de sa vie, privée ou publique, il lui incombe de se décider ainsi par voie de conjecture, d'analogie, à ses risques et périls. Dieu nous a donné ce labeur, ce risque et cette gloire ; il n'a pas voulu nous accorder de signe infaillible, précisément pour nous contraindre à mériter ou à démériter, à choisir bien ou mal, et à subir les conséquences de notre choix. *(Introduction)*. C'est là même, je le répète, un des points fondamentaux que je défends, dans cet opuscule, contre les théoriciens de l'absolu.

10. L'émancipation se prépare, s'annonce par des tentatives, par des essais, puis s'accomplit. Fort de son droit, le fils alors contracte librement une alliance. L'alliance est comme le sceau de l'émancipation. Une nouvelle société domestique apparaît, un gouvernement nouveau s'asseoit à l'ombre du premier foyer, et reverse plus tard, au nom de l'amour et du devoir, sur ce foyer

affaibli par l'âge, la protection et les bienfaits qu'il en avait obtenus. — C'est un fait considérable que la formation d'un foyer nouveau; ce fait s'inscrit en faveur de l'émancipation, prouve qu'elle est juste par rapport à l'individu, bonne par rapport à la famille. La famille nouvelle étant, comme le dit saint Thomas, *une unité complète*, doit être égale à une autre unité de même nature, à l'ancienne qui ne peut soulever d'autorité le voile de la seconde, y porter la main. D'autant que l'âge affaiblit le premier tronc, et que la raison suprême a surtout besoin, pour se manifester, du concours des âmes saines et viriles. — D'où il suit : que le gouvernement politico-paternel de M. de Bonald, s'il était viable, si les sociétés, en se multipliant et en se divisant sans fin, ne rendaient pas impossible le contrôle de la légitime filiation des premiers parents, ne serait que le gouvernement débile et sans droit de la caducité. — Donc, une fois l'émancipation accomplie et l'alliance contractée, l'ancien foyer ne peut, ne doit conserver, à l'égard du nouveau, qu'un droit d'influence et de conseil.

En résumé :

1° La liberté qui n'est pas un droit de nature, mais un droit de raison, mérité, conquis, a pour signe catégorique et pour titre, l'émancipation.

2° La famille est une unité complète, parfaite en soi, indépendante et inviolable, quant à son intérieur; elle réalise éminemment l'autorité et la soumission légitimes, l'autorité de la raison unie à la soumission de l'amour.

20. Je reviens au détail du gouvernement de la société domestique, des droits et des devoirs généraux de chacun, des rapports fondamentaux qui doivent exister entre les membres de la famille.

Le père, nous l'avons vu, tient ses titres de la nature, de la nécessité, et représente directement ce qu'il y a d'universel au-dessus des hommes. Son pouvoir est-il absolu? oui, sans doute, dans les limites du juste et du bien. Il a pour lui la parole de Dieu dans sa conscience, c'est-à-dire les lumières du sentiment et de la raison. — Mais, dira-t-on, s'il l'interprète mal, s'il se trompe? — Je réponds de nouveau, que c'est à ses risques et périls, qu'il répondra de ses erreurs, que ce risque à courir, enfin, est dans le plan providentiel (§ 18). Dans la société parfaite, réunion des familles, la loi civile, résultat d'une longue expérience, intervient seulement pour mettre en interdit la folie, ou pour réprimer de trop grands écarts. — Et cependant, reprend-on, la famille est inviolable. — Je le dis encore, mais les principes se limitent et le principe du bien suprême est au-dessus de tout. C'est encore à leurs risques et périls que les législateurs formulent de différentes manières cette loi d'intervention, et que les sociétés l'acceptent et l'appliquent.

J'ai prononcé le mot de pouvoir absolu ; il faut s'entendre sur ce terme redoutable. De Maistre lui-même le définit avec réserve. *J'entends, dit-il, par absolu seulement le pouvoir qui juge en dernier ressort. (Soirées).* — Il en faut un, réglé, limité autant que vous le voudrez, par la sagesse ou les lois positives qui la représentent, mais prononçant en dernier ressort quand il prononce. Est-ce que partout le plus haut pouvoir judiciaire, quand il applique la loi, n'est pas absolu ? Est-ce que le pouvoir exécutif ne l'est pas, quand il la fait agir ? Ne reculons pas devant un mot ; le pouvoir paternel, dans l'état de nature, est absolu, ce qui ne veut pas dire despotique, car la tendresse l'inspire ou le modère, comme la raison l'arrête ou le conduit. Dans l'état de société il est absolu, en se conformant aux lois.

Le père, comme le prince dans la communauté parfaite, comme le peuple enfin, est un mandataire de la raison éternelle ; seulement Dieu n'investit pas tous ses mandataires de la même façon. Tandis que le père et le peuple reçoivent immédiatement leurs droits de la nature, le prince a besoin, en principe, d'un intermédiaire, le peuple, pour obtenir les siens. Telle est la doctrine de saint Thomas, celle de l'Église, dont on a étrangement fait abus. On abuse encore aujourd'hui de ces deux termes : *1° Le peuple est souverain ; 2° Tout pouvoir vient de Dieu.* On en force le sens, en les opposant l'un à l'autre. Je prétends les concilier dans cette formule : *Il n'y a d'autre autorité que l'autorité de la raison.* Qu'on ne se hâte pas de la trouver trop abstraite ; je prouverai, par voie d'exclusion, que force est d'en user. Quant au père, il n'a pas, d'abord, d'autres lumières que ses propres lumières. Pour appliquer cette règle supérieure : *tout doit se faire en vue de la destination de la famille ;* il n'a pas d'autre secours naturel que l'expérience du passé, l'analogie, l'induction. C'est à tout ce que sa raison a recueilli, à tout ce que sa réflexion a conclu, à tout ce que son cœur a senti, qu'il demande conseil, pour faire les lois, les usages, les mœurs de la communauté domestique, pour les appliquer, pour se guider lui-même dans la distribution de ses récompenses et de ses sévérités. Eh bien, le gouvernement politique, comme nous le verrons, n'a pas, ne peut pas avoir, en matière plus complexe, d'autre méthode que celle du chef de la communauté domestique. Je ne prétends nullement exclure, en parlant ainsi, la part d'influence qui revient à la grâce divine, soit qu'elle agisse sur la conscience du père, ou sur celle du chef de l'État. Cette grâce reste secrète ; les procédés seuls de la logique peuvent être découverts.

21. C'est encore la nature, la raison même qui détermine la hiérarchie de la communauté domestique ;

après le père vient la mère, après elle le fils aîné ; cela n'a pas besoin d'explications. — La mère représente éminemment l'amour au foyer domestique ; elle tempère la rigueur du commandement. C'est elle qui a le dépôt de la miséricorde ; elle joue ce doux rôle que joue souvent en nous le cœur vis-à-vis de la froide raison. Son intercession vaut des grâces, c'est-à-dire des dons, des pardons gratuits ; pourquoi le père n'en donnerait-il pas, s'il tient son pouvoir du ciel ?

Mais l'enfant, à son tour, selon son sexe, son caractère, que ne fait-il pas comme instrument de la Providence en faveur de la famille et de sa marche harmonieuse vers le but ? Quelle mère voudrait avoir à rougir devant sa fille ? Quel père, après avoir instruit, ne sent pas qu'il est noble et bon de n'être pas devancé par son élève ? Plus on y réfléchit, plus on s'assure que si l'unité naturelle est l'individu, la véritable unité sociale est la famille.

La mère doit donner l'exemple de la soumission ; M. de Bonald lui assigne la place qui lui revient. « Elle » participe, dit-il, du pouvoir domestique, dont elle » est l'agent nécessaire et le moyen naturel ; son auto- » rité est non égale, mais semblable à celle de l'époux, » et lui est subordonnée ; elle est inamovible, parce » que le lien conjugal est indissoluble. » (1) Mais pour-

(1) *Législation primitive.*

quoi celle que Dieu a formée d'une des côtes de l'homme, comme dit le texte sacré, pour signifier qu'elle est une part de sa vie, lui est-elle subordonnée? Parce qu'elle a pour attributs comme pour moyens, la grâce, la bonté, la douceur, la timidité, la faiblesse, toutes choses pleines de charmes, indispensables à l'équilibre de la famille, mais incapables de la protéger, comme de lui imprimer une direction.

Le rôle de la femme est tout intérieur : pendant qu'elle nourrit l'enfant dans son sein, ou de son lait, qui donc lui assure le repos, la sécurité, l'existence? qui travaille pour elle, la soigne, la défend? le père. Il porte au front, dans l'attitude, le geste, le regard, dans la vigueur du corps et de l'esprit, dans le son de sa voix, dans ses aptitudes, le signe du commandement. L'activité est son essence, au physique comme au moral, tandis que la passivité est celle de la femme. Mais la raison suprême, au nom de qui s'exerce tout pouvoir, fait à l'homme un devoir et une condition d'ordre, de paix, de conservation, d'avenir, de commander avec prudence, de réprimander avec amour. L'union autrement serait troublée, ou rompue. Troublée, elle affaiblirait le lien de la famille, qu'elle pénétrerait d'une tristesse capable de se transformer en habitudes de mal; rompue, elle laisserait l'arbre sans racines, la lignée sans appui, sans éducation, sans exemples, sans tradi-

tions, sans engagements avec le passé, sans reconnais-
sances, sans respects, sans héritage moral à conserver,
à perfectionner, à transmettre.

22. Je touche maintenant à un point grave, à un principe qui me servira de lumière et d'appui dans de pro-
chaines discussions. — Celui qui fait les lois, les mœurs,
les habitudes du foyer, qui en assure l'exécution, peut-il,
doit-il, dans une certaine mesure, engager l'avenir de
ses mineurs et contracter pour eux? Oui certes; il le faut
bien. N'engage-t-il pas de fait, naturellement, nécessairement, par l'éducation, l'avenir de ses fils à chaque
heure? Ne l'engage-t-il pas, par la direction qu'il leur
imprime, par la disposition qu'il fait de leur état futur,
et par l'exemple? Pourquoi, de la même manière, ne
contracterait-il pas pour eux explicitement, dans les
limites de ce qu'il croit juste et bon, à ses risques et
périls? Rien ne s'y oppose et tout l'ordonne. — Prenons
acte du principe, car la société politique aura sans
doute, elle aussi, ses mineurs, et nous aurons à prouver
l'obligation qu'il y a de contracter pour eux.

D'un autre côté, cet état tout entier, matériel et moral, que les fils ont reçu de leurs pères, peuvent-ils, après
l'émancipation, le renier arbitrairement, le répudier, le
détruire? Non, car la raison et l'ordre détestent le
caprice, cette folie de la volonté, autant que la nature

déteste les transitions brusques. Donc ils ne peuvent y toucher que dans les limites de la sagesse, en vue d'une fin meilleure à atteindre, et lentement, parce que le temps est la condition du progrès. Leur devoir est de conserver et de perfectionner le travail des pères. Autant ceux-ci sont responsables de l'héritage qu'ils transmettent, autant les héritiers doivent l'être de sa conservation et de son développement, en ce qu'il contient de bon. C'est ainsi que se fait la solidarité du passé, du présent et de l'avenir. (*Introduction.*) Et c'est à cause de cette solidarité humaine et pour son but, que les lois de la famille, je dirai bientôt de la patrie, que leurs traditions sont choses saintes auxquelles on ne touche qu'avec réflexion et respect.

23. L'ensemble des droits et des devoirs du père, est ce qu'on nomme la paternité. (De Bonald.) La paternité, et l'obéissance qu'elle exige de la part de la mère et des fils non émancipés, la paternité, dis-je, et la déférence qu'elle attend de la part de tous, sont l'essence de la société domestique. La raison, source du principe de la paternité est en même temps la mesure des devoirs et des droits du père. Dans la société politique, comme partout, les droits et les devoirs se proportionnent les uns aux autres, et se hiérarchisent d'après ce principe : *plus on a de droits, plus on a de devoirs.* Or, certains

droits sont relatifs à la raison de chacun, puisque la liberté est, comme je l'ai montré, un droit de raison, non un droit de nature. D'où la classification des pouvoirs de la famille : le père, la mère, le fils aîné, et ainsi de suite. Si l'on m'oppose qu'il y a en fait, dans la nature et dans la pratique de la vie, à rabattre de cette classification, je réponds que je ne puis raisonner ici qu'en thèse générale, c'est-à-dire sur des moyennes. — C'est, en définitive, la loi de *proportionalité*, d'égalité devant la raison, que j'ai présentée ; l'idéal serait de faire régner sur la société entière cette loi, expression de la justice de Dieu.

24. Je récapitule les principes de cette dernière partie :

Tout pouvoir légitime est absolu, dans les limites de la loi naturelle (raison), ou de la loi positive.

La véritable unité sociale est la famille.

Le père en est le chef ; après lui viennent la mère, le fils aîné, et ainsi de suite.

Le rôle de la femme est tout intérieur ; sa volonté et celle de l'époux ne peuvent être divisées sans danger.

Le pouvoir dirigeant de la famille a le droit de contracter pour les mineurs, d'engager leur avenir.

Ceux qui font les lois de la communauté ne peuvent les promulguer qu'avec réflexion et sagesse ; ceux qui les reçoivent ne peuvent y toucher qu'avec réflexion et lenteur.

Les droits et les devoirs se proportionnent entre eux et se hiérarchisent d'après ce principe : plus on a de droits, plus on a de devoirs.

Ces premières données sur la formation de la famille et sa constitution, me conduisent à des recherches de même nature sur la constitution de la société politique et de ses pouvoirs. Nous allons voir que la société parfaite n'obéit point à d'autres lois que celles dont l'observation des faits vient de nous mettre en possession.

CHAPITRE TROISIÈME.

—

Origine de la Société politique et du pouvoir social ;
comment Dieu communique le pouvoir
de diriger la Société.

25. Il s'agit maintenant de savoir si la formation de
la société politique ou réunion des familles, est un fait
de nécessité naturelle. Sur ce point, j'ai le droit d'être
bref, l'ayant résolu en principe contre Rousseau en ces
termes : *toute société loin d'être le résultat d'une conven-*
tion est le fruit d'une nécessité suprême. — J'insiste et je
dis : que pour la société politique comme pour la famille,
le pacte, s'il intervient, ne peut porter, ne porte que
sur la forme de l'association, mais que le fond, l'être
même de l'objet échappe aux délibérations des hommes.

Toutes les perfections dont nous sommes capables
appellent, ordonnent l'institution de la société politique.
Nous sommes capables de nous aimer, de nous entr'ai-
der et de savoir que cela est bon, de résister ensemble,
et seulement ensemble, aux animaux et aux forces de la
nature, d'asservir ces dernières aux besoins de nos corps

et de nos esprits, de poursuivre ainsi et d'atteindre, par nos efforts communs, un but très élevé, de nous comprendre par le langage, d'aimer à nous comprendre ainsi, d'adorer le même Dieu, de nous sentir obligés par la même loi du devoir ; nous sommes capables de toutes ces fins qui appartiennent à notre destination ; donc il nous est interdit d'y renoncer.

Aristote a souscrit à cette vérité dans le premier livre de *la Politique* ; mais la pensée du philosophe ne se dégage pas avec lucidité. M. Thurot, traducteur et interprète habile d'Aristote, y supplée très heureusement dans ce passage : « L'origine de la société se trouve » immédiatement dans la nature de l'homme, c'est-à-» dire dans l'ensemble des conditions d'organisation, de » sensibilité et d'intelligence qui le constituent ce qu'il » est, et sans lesquelles il ne pourrait exister tel que » nous le connaissons. » (1) Ecoutons maintenant saint Thomas : « Si l'homme devait vivre seul, ainsi que beau-» coup d'autres animaux, il n'aurait besoin de personne » pour le conduire à sa fin ; chaque homme serait à lui-» même son propre roi, sous la royauté de Dieu, en tant » qu'il se dirigerait lui-même par la lumière de la » raison que lui a donnée le Créateur. Mais il est dans la » nature de l'homme d'être un animal social et politi-

(1) *Introduct. à la Politique.*

» que, vivant en communauté, à la différence de tous
» les autres animaux ; choses que le besoin même de la
» nature montre clairement. La nature a préparé aux
» autres animaux la nourriture, le poil pour le vête-
» ment, des moyens de défense, comme les dents, les
» cornes, les griffes, ou du moins la rapidité pour la
» fuite ; mais elle n'a doté l'homme d'aucune de ces
» facultés, et, à la place, elle lui a donné la raison, par
» laquelle , avec le secours des mains, il peut se pro-
» curer ce dont il a besoin. Mais, pour l'obtenir, un
» seul homme ne suffit pas, car il ne se suffirait pas à
» lui-même pour conserver sa propre vie : donc il est
» dans la nature de l'homme de vivre en société. De
» plus, la nature a accordé aux autres animaux le dis-
» cernement de ce qui leur est utile ou inutile : ainsi la
» brebis a naturellement horreur du loup, son ennemi.
» Il est aussi certains animaux qui naturellement con-
» naissent les herbes qui peuvent leur servir de remède,
» et autres choses nécessaires à leur conservation ; mais
» l'homme n'a pas naturellement la connaissance de ce
» qui est nécessaire à sa vie, si ce n'est dans la commu-
» nauté, en tant que le secours de la raison peut con-
» duire des principes universels à la connaissance des
» choses particulières nécessaires à la vie humaine.
» Ainsi donc, puis qu'il est impossible qu'un homme
» seul obtienne par lui-même toutes ces connaissances,

» il est nécessaire que l'homme vive en société, l'un
» aidant l'autre, chacun appliqué à sa tâche respective :
» par exemple, l'un à la médecine, celui-ci de telle
» manière, celui-là de telle autre. Cela nous est dé-
» montré avec une grande évidence par cette faculté
» propre de l'homme, le langage, au moyen duquel il
» peut communiquer aux autres toute sa pensée. » (1)
— J'ai cru devoir ne rien retrancher de ce passage un
peu long, mais aussi saisissant par la vérité de ses
détails que par celle de l'ensemble.

Rousseau lui-même enfin, après avoir prétendu que
toute société est contre nature et qu'il faut toujours
remonter à un pacte, se contredit ainsi : « Je suppose
» que tous les hommes sont parvenus à ce point où tous
» les obstacles qui nuisent à leur conservation dans
» l'état de nature, l'emportent par leur résistance sur
» les forces que chaque individu peut employer pour se
» maintenir dans cet état ; alors l'ordre primitif ne peut
» plus subsister et le genre humain périrait s'il ne chan-
» geait de manière d'être. » (2) Il est difficile, je crois,
de prouver mieux que le pacte dépend de la nécessité.
C'est donc à une nécessité naturelle qu'il faut remonter,
et non pas à une convention originelle. Jugez de la différence. Si le pacte n'était que le produit de la volonté

(1) *De regimine principum ;* lib. 1, cap. I.
(2) *Contrat social.*

puro, celle-ci pourrait l'omettre ou le défaire; l'homme ainsi resterait, ou rentrerait arbitrairement dans un prétendu état de nature. Son essence s'y oppose, et non-seulement il est tenu de consentir un pacte social, mais, en le consentant, de ne statuer sur sa forme, que tout compte fait de nos perfections comme de nos imperfections.

Que signifie donc cette réponse de Rousseau à Grotius : « Avant d'examiner l'acte par lequel un peuple élit un » roi, il serait bon d'examiner l'acte par lequel un » peuple est un peuple? » (1) Rien, sinon que l'auteur du *Contrat social* raisonne dans son faux système. Il n'est besoin, nous venons de le voir, d'aucun acte pour faire un peuple; l'acte est établi d'avance, ce sont nos facultés. Des rapports innombrables se forment d'eux-mêmes, des habitudes se contractent, des mœurs s'enracinent, sous l'empire des instincts, des besoins, des sentiments, de la raison, et lorsque le pacte intervient, le peuple est déjà fait.

En résumé : dès qu'on met l'homme de la nature, l'homme tel qu'il est, à la place de l'être exclusivement égoïste et sensible de Rousseau, ce qu'il y a de conventionnel et de précaire, dans l'état social tel que le comprend ce philosophe, disparaît. Pourquoi? Parce que la

(1) *Contrat social.*

raison, cet attribut fondamental de notre espèce, contient, outre la loi de nos premiers rapports, celle d'un progrès sans fin, intellectuel, moral, matériel, qu'on nomme la civilisation. La raison pouvait-elle rester à l'état de cause sans effet, de force sans emploi, de faculté stérile? Non : donc nos délibérations ne peuvent faire abstraction de cette cause, de cette force, de cette faculté supérieure, incapables que nous sommes, en fait comme en droit, de décréter sa stérilité; donc nos délibérations, si elles y touchent, ne peuvent que lui imprimer une direction conforme à sa nature, et concourir de la sorte à son développement, c'est-à-dire aux desseins de Dieu.

26. Mais si la société politique, comme la famille, est nécessaire, le pouvoir social est-il, comme le pouvoir paternel, un objet de nécessité? Très peu l'ont nié d'une manière absolue : de nos jours seulement, une voix a osé préconiser l'indépendance complète de chacun, et l'absence formelle du pouvoir, sous le nom d'*an-archie*, sans expliquer comment, dans une immense réunion de familles, se maintiendraient l'ordre, malgré les passions, la justice, malgré les haines et les préférences, l'unité de tendance vers le but, malgré les distances, les divergences, les intérêts opposés. Quoi qu'il en soit, sans aller jusqu'à cette extrémité, quelques rêveurs, cités par

M. de Haller, après Fénelon, avaient déjà mis en question la nécessité d'un pouvoir exécutif. Les lois une fois
portées, disaient-ils, ne peuvent avoir de sanction que
dans la raison de chacun. « Pour faire réussir votre
» plan, leur répond Fénelon, il faut changer la nature
» des hommes, les rendre parfaits et tous philoso-
» phes. » (1) Certains chrétiens au contraire, combattus
par Bossuet, ne veulent pas de pouvoir législatif. Il est
inutile et même défendu, selon eux, de faire des lois,
quand on a l'Evangile ! Le pouvoir temporel lui-même
leur paraît *difficile à concilier avec la liberté évangélique,* (2) Les sectaires de l'Allemagne, tirant la conséquence du principe, noyèrent cette théorie dans le sang
humain.

Le pouvoir de faire les lois de la société politique et
d'en assurer l'exécution, si l'on fait abstraction de la
source d'où il émane, de la manière dont il se communique, de la personne ou des personnes en qui il réside,
est à peu près généralement reconnu pour un fait aussi
nécessaire que la société politique elle-même. Aussi
saint Thomas termine-t-il en ces termes son passage
relatif à la nécessité de la société politique ci-dessus
cité. « S'il est naturel à l'homme de vivre en société, il
» est nécessaire qu'il y ait parmi les hommes quelqu'un

(1) *Essai sur le gouvern. civil.*
(2) Bergier, *Diction. de théolog. art. Protestantisme.*

» qui dirige la multitude ; car beaucoup d'hommes étant
» réunis et chacun d'eux faisant ce qui lui semblerait
» bon, la multitude se dissoudrait, si quelqu'un n'avait
» soin du bien commun ; comme il arriverait au corps
» humain, s'il n'existait point une force qui le dirige,
» veillant au bien de chaque partie. » (1) Mais si le pouvoir est indispensable, à titre d'objet nécessaire, sa
manière d'être, ses formes relèvent de nos délibérations. C'est là le terrain des polémiques ardentes et des
combats ; c'est là que, tantôt sur la source d'où le pouvoir émane, tantôt sur la manière dont il se communique, tantôt sur la personne ou les personnes en qui il
réside, les hommes sont divisés, armés ; c'est là qu'il
m'importera de faire porter bientôt l'effort de la dis-
cussion.

Quel est maintenant le sens véritable de ces paroles
tant controversées de saint Paul *non est potestas nisi a
Deo*, aucun pouvoir qui ne vienne de Dieu ? Elles ne
signifient point autre chose que ceci : d'abord, le pouvoir social, quant au fait de son existence, le pouvoir
considéré d'une manière abstraite, est de nécessité
naturelle ; ensuite le pouvoir est de Dieu, s'il est pouvoir de droit. Sur ce second point, les difficultés s'accu-
mulent ; mais insistons sur le premier. Oui, tout pouvoir

(1) *De regimine principum ;* lib. 1, cap. I.

de droit, démocratique, aristocratique, ou autre, vient de Dieu, comme la société elle-même vient de Dieu. Voila le droit divin, je n'en connais point d'autre, quant à ce qui concerne les pouvoirs temporels. Cette doctrine est celle de la raison et de la tradition; je tiens à le prouver sans retard à quelques modernes mystiques.

27. Consultons des publicistes qui vivaient à une époque où la puissance des princes n'était pas d'humeur à capituler, invoquons une autorité que les hommes à qui je m'adresse ne récuseront pas, l'autorité des docteurs de l'Eglise. — Au quatrième siécle, saint Chrysostôme s'exprime ainsi, faisant parler saint Paul et lui répondant : « Il n'y point de puissance qui ne vienne de » Dieu. — Que dites-vous? Tout prince est donc cons- » titué de Dieu? — Je ne dis point cela, puisque je ne » parle d'aucun prince en particulier, mais de la puis- » sance en elle-même; j'affirme que l'existence des » principautés est l'œuvre de la sagesse divine, et que » c'est elle qui fait que toutes choses ne soient point » livrées à un téméraire hasard. — C'est pourquoi, ré- » pond Chrysostôme, l'apôtre n'a pas dit *qu'il n'y a* » *point de prince qui ne vienne de Dieu*, mais il dit, » parlant de la chose en elle-même, qu'il n'y a pas *de* » *puissance* qui ne vienne de Dieu. » (1) Dans la *Somme*

(1) Homél. 23, in Epist. ad Rom.

théologique et dans le *De regimine principum*, saint Thomas maintient cette théorie. Mais, pour abréger et pour trancher la question dans l'ordre traditionnel et théologique, adressons-nous à un ami d'un pape, au cardinal Bellarmin. « Il est certain, écrit-il, que la
» puissance publique vient de Dieu; mais il faut faire
» ici quelques observations. En premier lieu, la puis-
» sance politique considérée en général, *et sans descen-*
» *dre particulièrement à la monarchie, à l'aristocratie,*
» *ou à la démocratie,* vient immédiatement de Dieu
» seul; car étant nécessairement annexée à la nature
» de l'homme, elle procède de celui qui a fait la nature
» de l'homme. En outre, cette puissance est de droit
» naturel, puisqu'elle ne dépend pas du consentement
» des hommes, puisqu'ils doivent avoir un gouverne-
» ment quelconque, qu'ils le veuillent ou ne le veuillent
» pas, à moins de désirer que le genre humain périsse.
» C'est ainsi que le *droit de nature* est *droit divin.* Donc
» le gouvernement est introduit de droit divin. » (1)
Suarez également : « Tout ce qui est de droit naturel
» vient de Dieu ; or, le pouvoir social est de droit naturel,
» puisqu'il est exigé par l'ordre et la raison; donc ce
» pouvoir vient de Dieu. » (2) Louis XIV et la démocratie américaine pourraient se prévaloir de l'argument.

(1) *De laïcis,* liv. 3, c. 6.
(2) *De legibus,* liv. 3, c. 3.

28. Mais la pensée des docteurs de l'Eglise sur le *droit divin*, se révèle d'une manière plus décisive encore, quand il s'agit de statuer sur le dépositaire primitif du pouvoir. Nous montrerons que la reconnaissance du vrai droit, du droit du peuple, de sa souveraineté bien comprise, peut se concilier avec un respect profond de l'ordre et de l'autorité, respect qui se trouve garanti par le seul caractère des noms que je vais citer. Je prie donc qu'on ne s'effraie pas prématurément du radicalisme de certaines formules qui n'expriment que le droit abstrait, et sont limitées, appliquées avec tant de sagesse, que tout danger se trouve écarté.

Saint Thomas enseigne explicitement la souveraineté du peuple, en ce sens que, selon lui, lorsqu'il n'y a pas de pouvoir établi, la puissance réside *de droit divin* dans la multitude qui a le pouvoir et le devoir de se donner un gouvernement quelconque. (1) Les thomistes le suivent ; je m'appuierai principalement sur les textes si décisifs de Bellarmin et de Suarez. — Bellarmin : « Re-
» marquez que la puissance réside *immédiatement*,
» comme dans son sujet, dans toute la multitude, car
» cette puissance est *de droit divin*. Dieu n'a donné
» cette puissance en particulier à aucun homme, donc
» il l'a donnée à la multitude ; d'ailleurs le droit positif

(1) Voy. *Somme théol.;* 1, 2, qu. 90. art. 3.

» étant ôté, il n'y a pas de raison, entre un grand
» nombre d'hommes égaux, pour que l'un domine plus
» que l'autre. Donc la puissance est de toute la multi-
» tude. Enfin la société humaine doit être une société
» parfaite ; elle doit donc avoir la puissance de se con-
» server et par conséquent de châtier les perturbateurs
» de la paix. » (1) — Mais Bellarmin n'en restera pas
là ; la multitude délègue de toute nécessité, le droit va
changer de place, passer aux mains d'un délégué, sans
cesser d'être *droit divin*, quelle que soit la forme de la
délégation. « Remarquez, reprend le publiciste, que la
» multitude transfère la puissance à une personne, ou à
» plusieurs, par le droit même de la nature ; car la répu-
» blique ne pouvant l'exercer par elle-même, est obligée
» de la communiquer à un seul, ou bien à quelques-uns ;
» et c'est ainsi que la puissance des pouvoirs en général,
» *est de droit naturel et divin*, et le genre humain lui-
» même dût-il se réunir tout entier, ne pourrait établir
» le contraire, savoir, qu'il n'existât point de princes
» ou de gouvernements quelconques. » (2) Bellarmin
enseigne d'une manière plus explicite encore : 1° le
droit que possède un peuple de choisir la forme de gouvernement qui lui convient ; 2° son droit de changer
cette forme en une autre, *si cela est juste et bon ;*

(1) *De laïcis,* I. 3. c. 6.
(2) *De laïcis,* I. 3. c. 6.

3° enfin sa faculté de tenir *immédiatement* de Dieu la souveraineté, tandis que le délégué quelconque, dans l'ordre temporel, ne l'obtient que *médiatement*, c'est-à-dire par le consentement explicite ou implicite, accordé ou dû, du peuple. Ce dernier point de vue s'éclaircira à mesure que nous avancerons; achevons de citer Bellarmin. « Notez que les formes de gouvernement en parti-
» culier sont du droit des gens, non du droit naturel,
» puisqu'il dépend du consentement de la multitude de
» se constituer sur elle-même un Roi, des magistrats,
» des conseils, etc., comme cela est clair; *et moyennant*
» *une cause légitime*, la multitude peut changer une
» royauté en aristocratie, ou en démocratie, et *vice*
» *versa*, ainsi que cela se fit à Rome. Remarquez aussi,
» qu'il suit de tout ce que nous avons dit, que la puis-
» sance en particulier vient de Dieu, mais *médiatement*,
» moyennant le conseil et l'élection de la part de
» l'homme, comme toutes les autres choses qui appar-
» tiennent au droit des gens. » (1) Je prie que l'on con-
sidère que Bellarmin, attaché à la chaire de Rome, ne professa point une opinion particulière, qu'enfin la majorité des théologiens est avec lui.

Au reste, voilà ce que de son côté écrit Suarez, en Espagne, au sein d'une monarchie absolue. « La puis-

(1) *De laïcis*, I. 3. c. 6.

— 102 —

» sanco civile, toutes les fois qu'on la trouve dans un
» homme, ou dans un prince, est émanée du droit
» légitime et ordinaire du peuple, de la communauté,
» soit prochainement, soit d'une façon éloignée, car,
» pour qu'elle soit juste, on ne peut l'avoir autre-
» ment. » (1) Chose curieuse à constater, c'est ce même
Suarez, jésuite et théologien, qui soutient contre les
écrits d'un prince protestant, du roi d'Angleterre, la
doctrine que les princes reçoivent le pouvoir *médiatement* de Dieu, *immédiatement* du peuple. L'adversaire
royal de Suarez, défenseur intéressé de la communication *immédiate* du pouvoir des prince, faussait l'idée de
droit divin au profit de l'absolutisme. (2) Mais, après
saint Thomas, Bellarmin, Suarez, Dominique Soto,
Ledesma, Covarruvias, bien plus près de nous, dans le
premier tiers du dernier siècle, le cardinal Gotti, en
traitant des lois, reprend la thèse des thomistes et l'expose simplement comme une vérité admise. Hermann
Busembaumm et Alphonse de Ligori, la soutiennent
énergiquement. Un peu plus tard, à Rome même,
Daniel Concina insiste. Je reproduis *in extenso* un texte
très explicatif de ce théologien estimé. « La puissance
» qui réside dans le Prince, dans le Roi, ou dans plu-
» sieurs, soit nobles soit plébéiens, émane de la com-

(1) *De legibus;* lib. 3. cap. 3.
(2) Voy. Suarez, *Déf. de la foi cath.* liv. 3. c. 2.

» munauté elle-même, prochainement ou d'une manière
» éloignée ; car cette puissance ne vient pas *immédiate-*
» *ment* de Dieu, ce qui devrait nous être attesté, le cas
» échéant, par une révélation particulière comme pour
» Moïse.... Ainsi nous tenons pour fausse l'opinion qui
» affirme que Dieu confère *immédiatement* et prochaine-
» ment cette puissance au Roi, au Prince, ou à tout
» chef quelconque du gouvernement, à l'exclusion du
» consentement tacite ou exprès de la république. » (1)
Je termine ces citations, dont on comprend le but, par
quelques lignes de Billuart, célèbre en théologie morale
à une époque où vivaient les traditions de Louis XIV,
corroborées par la *Politique sacrée* de Bossuet et par le
petit *Essai sur le gouvernement civil* de Fénelon, ou-
vrages composés en vue de la défense des intérêts de la
monarchie absolue. Billuart, après avoir montré comment le droit naturel, le droit humain, le droit divin,
sont un seul et même droit, explique dans les termes
des autres théologiens, la nécessité de l'état de société
et de l'établissement d'un pouvoir social, la nécessité de
la délégation soit à quelques-uns, soit à un seul, héréditaire ou non. Il continue. « La puissance de Dieu réside
» dans la communauté *immédiatement* ou de droit
» naturel, mais elle ne réside dans les Rois, ou autres

(1) Concina, *théol. chrét. Rome,* 1768.

» chefs de gouvernement, que *médiatement* ou par
» intermédiaire du droit humain. » (1) Je livre ces
textes et ces noms, ces textes si nombreux et si concordants, datant de la grande époque théologique, ces
noms dont l'autorité fut si légitime, à ceux qui parmi
nous s'enivrent des mots de *légitimité* et de *droit divin*,
sans trop savoir ce qu'ils expriment, ne les appliquant
guère qu'à une seule forme de gouvernement, tandis
qu'ils s'appliquent à toutes, et les enveloppent d'un
nuage mystique, tandis qu'ils ne sont que l'expression
de la raison et de la vérité.

Mais ceci dit d'une manière générale et abstraction
faite des cas particuliers, des nombreuses difficultés
pratiques qui peuvent se présenter, il m'importe d'opposer immédiatement une digue à des égarements autrement dangereux. Que ce terrible mot de souveraineté
du peuple dont l'école de Jean-Jacques a fait un si funeste abus, cesse de troubler les consciences et d'exalter
les esprits. A peine en ai-je indiqué la puissance, par
l'organe des docteurs catholiques, que j'ai hâte de faire
intervenir *le fait*, qui, nous l'avons vu, limite le principe, le contient et même l'explique. Le fait, la nécessité,
est un élément humain considérable, sans lequel il est
impossible de pénétrer avec succès dans certaines ques-

(1) *Théologie morale.*

tions abstraites et complexes, particulièrement dans celle de la souveraineté. Je termine donc ce chapitre, en recherchant de quelles différentes manières, en fait, Dieu communique aux hommes, aux Princes, le pouvoir social. Non-seulement je ne perdrai pas de vue le point de droit, mais j'espère l'éclaircir et par conséquent l'affermir.

20. Le pouvoir s'établit de bien des manières. Quelques-uns prétendent que tous les gouvernements ont commencé par la violence et que le temps a légitimé l'usurpation. N'arrive-t-il pas un moment où l'on doit consentir au fait accompli, sous peine de tout bouleverser? C'est le principe de prescription qui parle, principe d'ordre et de paix : la loi civile l'applique à la propriété, comme la raison publique à la possession des pouvoirs. *(Introduction* II.) J'entends les objections : nul ne peut être forcé de renoncer à sa liberté naturelle; (1) le pouvoir sort d'un mauvais principe ; (2) la liberté de l'homme est inaliénable ; (3) mais, à part l'abus des termes, du terme *aliéner*, du terme *liberté*, dont la critique viendra bientôt sous ma plume, ces objections déjà vaincues, quant à ce qui regarde l'existence du

(1) Rousseau, *Disc. sur l'inégalité.*
(2) Lamennais, *Œuvres politiques.*
(3) Rousseau, *Contrat social.*

pouvoir en général, par une nécessité naturelle, le sont ici par une nécessité de circonstance, c'est-à-dire relative. N'est-il pas clair que ce qu'il y a d'*inaliénable*, d'absolu pour une société, c'est de vivre, c'est de pouvoir vivre? et ne l'est-il pas, qu'il n'y a plus d'existence possible à qui refuse, en une certaine mesure, l'autorité du fait? *(Introd.* VI.) Au reste, la difficulté n'est pas là. Dans l'espèce, une question politique des plus embarrassantes se pose immédiatement : quand y a-t-il prescription? Voilà le *desideratum* de notre vie active ; *desideratum* invincible, parce qu'aucun système ne peut empêcher la difficulté de se poser, et parce qu'aucun procédé n'est capable de la résoudre, sans encourir une chance d'erreur. A ce propos, qu'ai-je dit ailleurs? Que l'induction, que l'expérience du passé peuvent seules, en pareil cas, exercer leur compétence ; que l'homme choisit enfin, sous leur lumière, à ses risques et périls; que Dieu lui a dévolu ce labeur et cette gloire. — Je rappellerai désormais, sous le nom de *principe d'induction,* l'idée que j'ai défendue sur cette page; c'est l'idée mère du livre, si livre il y a. Je prie qu'on s'y reporte toutes les fois qu'on se sentira disposé à se plaindre des lacunes, des perplexités que ne manquera pas de laisser subsister la théorie naturelle que je soutiens ; ces lacunes, ces perplexités sont l'humanité même, la nécessité même ; je n'écris pas pour les faire disparaître , mais pour montrer que force est de les subir, et que seul le travail incessant de l'observation et de la réflexion peut les atténuer, sinon les vaincre ; mais encore une fois à nos risques et périls. — J'achève d'indiquer les différents modes de communication du pouvoir social.

Certains le font dériver soit de l'inégalité des conditions, soit d'une supériorité de force, d'intelligence, ou de richesse. Celui qui possède de tels avantages, disent-ils, est une puissance; or, qu'est-ce que le pouvoir? Une personne riche qui commande et n'obéit pas. De petites sociétés ainsi constituées se réunissent et forment des états ; le plus riche, le plus puissant en est le chef. (1) Ainsi parle de Haller. Dans l'hypothèse, le pouvoir du Prince est fondé sur ses droits personnels, *et il ne fait en administrant que gérer ses propres affaire* (de Haller). Telles sont les idées et les expressions de l'auteur de la *Restauration de la science politique*, dont l'ouvrage fit sensation.

En fait, les choses ont pu souvent se passer ainsi ; en droit, qu'est-ce que cela prouve? Rien : je me trompe , cela prouve que la puissance, quelle qu'elle soit, peut donner lieu à l'établissement de la société politique, et que tôt ou tard la force des choses produit un consente-

(1) De Haller, *Restauration de la science politique*.

ment de nécessité, de raison, exprimé ou sous-entendu, un consentement *dû* par conséquent, *dû* et accordé au bien social. C'est dire que l'intérêt suprême de l'ordre peut transformer tout pouvoir en pouvoir de droit.

D'autres penseurs, M. de Caylus, par exemple, quoique janséniste, M. de Bonald, dont j'ai indiqué la doctrine, un prédicateur distingué de notre temps, le père Ventura, soutiennent que les sociétés politiques sont nées de la famille, que le premier pouvoir social a été le pouvoir paternel, que l'état enfin n'est que la famille agrandie. La Genèse, dit-on, consacre cette vérité, puisqu'elle accorde aux pères le droit de vie et de mort sur leurs enfants : or, ce n'est pas à titre de pères probablement qu'ils possèdent ce droit terrible, mais à titres de chefs politiques ? — Pour fortifier le système, quelques-uns affirment que la société politique a été instituée par révélation, qu'Adam fut le premier Roi du genre humain. Qu'est-ce à dire ? Que toutes les sociétés commencèrent ainsi ? Le contraire n'a pas besoin d'être prouvé. Que certaines sociétés ont commencé par la transformation du pouvoir paternel ? Je ne prétendrai pas le contraire ; la douce habitude de respecter et d'obéir peut faire qu'une postérité émancipée de droit, consente implicitement à l'extension du pouvoir primitif, qui s'effectue insensiblement. Cela n'atteint en aucune manière le principe naturel de l'émancipation, que j'ai défendu sous le patronage de saint Thomas et de Suarez, et qui renverse, nous l'avons vu, le système de M. de Bonald. Le droit a plusieurs manières de se manifester.

En effet, par opposition à ce que nous venons de voir, les événements ont été quelquefois immédiatement d'accord avec le principe. Il en fut ainsi toutes les fois qu'au lieu et place d'un consentement de nécessité, dû et accordé au fait, le peuple légitimement rassemblé se choisit une forme de gouvernement. Même au commencement, d'après Suarez, les hommes ont pu vivre quelque temps à l'état de société domestique et religieuse, puis un moment est venu où, la multiplication des familles menaçant de produire le désordre, il a bien fallu, à la voix de la raison, se constituer en société politique. Entrons dans quelques détails.

30. Il y a deux manières de comprendre cette formation, celle de Suarez et celle de Bossuet, qui, dans son cinquième avertissement aux protestants, exprime un sentiment différent de celui de sa *Politique sacrée*. — Suarez : « Un moment vient où les hommes se décident
» à former la société politique qu'ils jugent nécessaire ;
» en conséquence, en vertu de l'essence des choses, Dieu
» leur donne le pouvoir de se gouverner. Ce pouvoir
» réside alors dans la communauté ; elle est libre, ou
» bien de rester à l'état de démocratie pure exerçant

» les trois pouvoirs à la pluralité des voix ; ou bien de
» se constituer en démocratie régie par des magistrats ;
» ou encore d'adopter les formes aristocratiques ou
» monarchiques. Que si la communauté transfère ses
» pouvoirs soit à des chefs, soit à un chef, elle le fait
» pour un temps, ou à vie, ou à perpétuité par voie
» d'héritage, sans conditions, ou avec conditions. » (1)
— Ainsi parle ce théologien ; nous verrons plus tard ce
que Suarez pense des droits de la société à l'égard de la
tyrannie, quelle que soit la forme de la délégation.

D'après Bossuet, au contraire, ce n'est pas une communauté qui donna le pouvoir, c'est un nombre d'individus agissant chacun en particulier. On nie dans cette
supposition que les hommes puissent exister à l'état de
communauté ayant le pouvoir social, et l'on dit : « Les
» particuliers abdiquèrent entre les mains d'un chef le
» droit naturel qu'avait chacun d'eux de se gouverner
» lui-même dans l'état de société imparfaite ou domes-
» tique. » (2) C'est nier la personnalité morale d'un
peuple, c'est nier la nécessité de la société politique,
puisque, dans l'hypothèse, les particuliers ont le droit
de se gouverner eux-mêmes à part ; c'est nier tout ce
que j'ai démontré précédemment contre Rousseau. On
ne retrouve pas là la haute métaphysique de Bossuet ;

(1) *Réponse au roi d'Angleterre.*
(2) *Cinquième avertissement.*

le nominalisme pourrait parler de la sorte, lui qui ne fait de la nation qu'une pure collection, qu'une chose abstraite ; mais ceux qui considèrent qu'un peuple se développe dans le temps comme un être, et que l'idée, la raison, la loi de ce développement existent en Dieu, sont forcés d'admettre cette réalité et de la considérer comme quelque chose de supérieur à ce qui résulterait d'une simple addition des unités composantes. Il résulte de ce *réalisme*, qui au reste est celui de Bossuet dans son *Histoire universelle*, une forte solidarité, un lien de raison suprême, une haute unité morale dans les assemblées et les nations, qui élèvent chaque membre au-dessus de lui-même, quand il agit comme citoyen, lui défend alors d'agir comme particulier, et donne à la décision de tous une autorité qui participe des desseins de Dieu sur la destinée des êtres collectifs.

Je reviens à Suarez : son éclectisme est essentiellement vrai et conservateur ; poursuivant sa pensée, il ne capitule point sur le principe : *Dieu ne donne le pouvoir que par le consentement des masses.* Mais, selon le profond penseur, cela doit se faire de bien des manières. D'abord de la manière décrite ci-dessus, dans l'exposé de son propre système. C'est celle où l'action des masses est le plus en relief et où l'on peut suivre le progrès de leurs aspirations. Ensuite de toutes les autres indiquées précédemment. Le peuple alors agit plus secrètement et comme dans sa conscience. C'est tantôt un consentement d'amour ou de raison, comme celui des fils émancipés laissant le gouvernement politique aux mains du père ; tantôt un consentement accordé au bon ordre, comme dans la prescription. En tout état, au sens de Suarez, Dieu ne confère le pouvoir aux chefs des communautés domestiques que médiatement, c'est-à-dire par la volonté des hommes et en vertu de quelque titre humain.

Il résulte clairement de ce qui précède, non moins que de la lumière des faits, que tout ramène la souveraineté du peuple à ne pouvoir être, en droit, que l'expression de la *souveraineté de la raison*. Sans doute elle a la force, le pouvoir d'être la *souveraineté de la volonté*, de l'arbitraire, du caprice, mais elle n'en a pas le droit. C'est le sentiment de la souveraineté de la raison qui dictait à M. Guizot ces belles paroles, à propos de la royauté. « Nul doute que la force de la royauté,
» cette puissance morale qui est son principe vrai, ne
» réside point dans la volonté propre, personnelle de
» l'homme qui est momentanément Roi ; nul doute que
» les peuples en l'acceptant comme institution, les phi-
» losophes en la soutenant comme système, n'ont point
» cru, n'ont point voulu accepter l'empire de la volonté
» d'un homme essentiellement étroite, arbitraire, ca-
» pricieuse, ignorante. » (1) Et plus loin, développant

(1) *Hist. de la civilis. en Europe.*

sa pensée : « Sous quelque point de vue que vous
» considériez l'institution de la royauté et à quelque
» époque que vous la preniez, vous reconnaîtrez que
» son caractère essentiel, son principe moral, son sens
» intime, ce qui fait sa force, sa durée, c'est d'être
» l'image, la personnification, l'interprète présumé de
» cette volonté unique, supérieure, essentiellement légi-
» time, qui seule a le droit de gouverner la société. » (1)

Que ceux donc qui, au milieu de nous, croyant surtout
exprimer une pensée catholique, supposent que ce terme
droit divin signifierait l'établissement d'une dynastie par
voie surnaturelle, comme pour Moïse ou David, ou la
consécration donnée à la couronne par un prêtre agissant au lieu et place de Dieu, consultent saint Thomas,
cette grande lumière du moyen-âge; il enseigne, comme
l'ont fait depuis Suarez et Fénelon : « Que la souveraine
» raison a seule le droit originaire de borner la liberté
» de la créature par des lois, et que c'est en son nom
» que les gouvernements se constituent. » (2) Voilà le
droit divin ! Saint Thomas dit aussi : « Que si Dieu veut
» l'ordre, un pouvoir pour le maintenir, et l'obéissance,
» il est trop simple qu'on n'est dans l'obligation d'obéir
» qu'autant que Dieu veut qu'on obéisse, et qu'il ne
» l'ordonne point, quand ce qui est commandé au peuple

(1) *Hist. de la civilis. en Europe.*
(2) *De regimine Principum, loco citato.*

» va contre l'inviolable et éternelle loi. » (1) C'est ainsi qu'il flatte la tyrannie.

Au reste, il répète et Suarez le suit : « que si tout » pouvoir actuellement possédé vient de Dieu, la ma- » nière dont on y est parvenu, souvent n'étant pas de » Dieu, a été soufferte par lui; que certains actes du » pouvoir sont reniés de Dieu. » (2) On parlait ainsi en plein moyen-âge, et même en Espagne sous Philippe II; à plus forte raison est-il permis d'employer le même langage aujourd'hui. Cette doctrine a de grands avantages; elle assure la soumission raisonnable au pouvoir établi; elle ennoblit l'obéissance en courbant nos fronts non devant la volonté des hommes, mais devant la raison suprême; enfin elle ne légitime pas la tyrannie, puisqu'on ne doit obéir que dans les limites de la justice et du vrai bien de la communauté. Mais quelles sont ces limites? Seul le principe d'induction, dont j'ai parlé longuement, nous les livrera, dans la pratique, à nos risques et périls. — Un chapitre presque entier de cet opuscule doit être consacré à cette question difficile, à la recherche délicate, périlleuse, de tous les éléments qui, dans l'espèce, peuvent éclairer, soutenir le principe d'induction.

D'un autre côté, que les adversaires du droit divin,

(1) *De regimine Principum.*
(2) *Somme théologique.*

que les partisans absolus de la *souveraineté du peuple*, de son prétendu droit de tout faire, de tout oser, de prendre sa pure volonté pour guide, considèrent que le peuple, loin d'être la source première des pouvoirs (cette source est Dieu seul), n'est, comme le remarque Fénelon, qu'un moyen de les communiquer, *qu'un canal par où l'autorité passe et se répand*. (1)

Quoiqu'il en soit, si j'ai démontré la double nécessité de l'existence de la société politique et du pouvoir public, et ramené à leur vrai sens les idées de *contrat social*, de *droit divin* et de *souveraineté du peuple*, j'ai rempli le but de ce chapitre. L'idée du contrat n'est admissible qu'au sens de Suarez, en tant qu'exprimant le consentement exprès ou tacite des masses aux lois de la nature, de la raison, de la nécessité : autrement elle est grosse de caprices et de révolutions. — L'idée du *droit divin* n'est admissible qu'au sens de saint Thomas, en tant qu'exprimant le droit *de nécessité, de raison suprême* de tout pouvoir public, quelle que soit sa forme, s'il est légitimement établi. — L'idée de souveraineté du peuple n'avait besoin, jusqu'à ce moment, que d'être provisoirement définie. — Quant à ce qui regarde la question de la communication des pouvoirs, je n'ai fait que la présenter d'une manière très générale et abstraite :

(1) *Essai sur le gouvernement civil.*

or, c'est là une question vitale, celle des grandes discussions, question qu'il importe de creuser jusqu'aux racines, d'asseoir, par une analyse approfondie, sur de solides fondements, d'élever enfin jusqu'à la certitude, en écartant tout obstacle, c'est-à-dire toute objection, et surtout en faisant justice des systèmes.

Mais il me reste à faire justice aussi d'une terrible plaisanterie de Rousseau, qui tombe précisément sur la solution que je viens de proposer. « Tout pouvoir vient » de Dieu, s'écrie-t-il, toute maladie en vient aussi ; » est-ce à dire qu'il soit défendu d'appeler le méde- » cin ? » (1) Non sans doute, si le pouvoir est un mal ; mais s'il est un bien, quel remède y cherchez-vous ? Je nie la majeure, le pouvoir légitime et sage étant le plus grand des biens ; quant à la tyrannie, je la livre, non sans frémir, au bras du médecin de Rousseau, mais qu'il me donne le temps de la bien reconnaître, puis de la définir : nous n'en sommes pas là.

(1) *Contrat social.*

CHAPITRE QUATRIÈME.

—

De la souveraineté; en qui elle réside.

31. Avant d'écrire ce chapitre qui n'est que le complément et l'éclaircissement de celui qui précède, j'oserai me mettre sous la protection d'un mot de Jean-Jacques : *je ne sais pas être clair pour qui ne sait être attentif. (Contrat social)*. Cherchons maintenant en nous-même le type de la souveraineté, afin de la suivre dans ses diverses manifestations et partout où elle réside.

Pour être souverain, il faut être libre ; tout fait de souveraineté se rapporte originairement à un acte de libre vouloir : sans cela que serait-il? Cependant la volonté d'un être libre, n'est peut-être qu'un moyen, qu'un instrument de la vraie souveraineté? Celle-ci emprunte en effet ses titres à quelque chose de supérieur aux volontés mobiles, à quelque chose d'immuable et d'éternel : tâchons de rendre cela clair.

L'homme a dans son libre arbitre un exemplaire du pouvoir; il est pouvoir vis-à-vis de lui-même, quand il se dirige volontairement, quand il fait ce qu'il veut.

Mais cette opération de l'esprit est complexe ; l'âme humaine, relativement au libre choix, est une puissance passive et active, qui voit les choses par son entendement, et qui se détermine par sa volonté. Elle voit, dis-je, et en cela elle est passive, en partie du moins ; mais sous cette lumière intérieure qui vient en aide à la liberté, l'âme reste maîtresse de se déterminer à ce qu'elle veut : voilà l'activité.

La liberté, que j'ai définie *(Introduction)*, consiste essentiellement dans la décision de l'esprit, dans l'acte même de choisir, indépendamment de ce qui regarde l'entendement, des motifs du choix, de l'élément passif. Il faut faire une scrupuleuse attention à cet élément passif qui incline la volonté sans la contraindre. En certains cas, il s'exprime d'une façon fort claire et fort absolue, et nous affirme ainsi le vrai et le faux, le bien et le mal, sans qu'il nous soit possible de retenir notre adhésion et notre respect. — J'ai nommé plusieurs fois les sources de ces affirmations, ce sont des lois de l'entendement, et je n'ai pu m'empêcher de rapporter leur nature parfaite à la source de toute perfection *(Introduction)*. Ces lois sont pour nous des phénomènes qui se passent en nous, dont notre âme est la substance, mais dont la cause productrice est hors de nous : aussi sont-ils au-dessus de nous et nous imposent-ils leur autorité, leur souveraineté. Eux seuls nous montrent notre destination, y invitent la volonté. Or, entre ce but élevé et des motifs plus prochains, comme l'intérêt et le plaisir, la liberté s'exerce ; entre le bien et le mal, nous pouvons choisir. Mais autre chose est *pouvoir*, autre chose est *devoir*. Que pouvons-nous ? Le mal et le bien. Que devons-nous ? Le bien. Nul ne se soustraira à ce cri de la conscience.

32. J'ai prétendu que la raison qui est en nous est au-dessus de nous ; serait-ce que l'homme est au-dessus de lui-même ? Laissons-la cette expression ambiguë de Rousseau, elle ne contient qu'une antinomie verbale, faite pour embrouiller la question. L'homme connaît en lui-même quelques faits, quelques états de son âme, qu'il ne produit pas, qu'il éprouve, qu'il subit, et qu'il sait absolus de leur nature, supérieurs à sa personnalité, à sa volonté chétive et finie, et capables de l'ennoblir. Quoi de plus simple ? — Mais il y a donc deux souverains en présence ; l'homme libre et la loi morale qu'il subit ? — Il n'y a qu'un souverain de droit, *la loi morale*, qui ne serait rien de pareil, si elle n'émanait pas d'une volonté libre et parfaite, du souverain par excellence, de Dieu. Par lui, le seul maître, tous régnent légitimement, l'homme sur lui-même, le père sur la famille, le pouvoir public sur la société.

Souverain pour choisir entre le bien et le mal,

l'homme est souverain *de droit* pour choisir l'un, souverain *de fait* pour choisir l'autre. Dieu seul est immuablement souverain de droit, parce qu'en lui la volonté souveraine est identique à la suprême raison. Quant à nous, nous sommes ses mandataires, et notre puissance empruntée n'est légitime que dans les limites du mandat. La volonté n'est donc point souveraine par elle-même, mais par ce qui est au-dessus d'elle, la raison. Elle peut passer outre; mais, comme dit Jean-Jacques, la force ne fait pas le droit.

33. Ceci posé, il est clair que ce qu'on nomme l'*autonomie*, c'est-à-dire le gouvernement absolu de l'individu par sa seule volonté, que réclament comme un droit certains écrivains, ne peut dans aucun cas être complète et parfaite. Qu'on veuille bien le remarquer, elle ne serait absolue, parfaite, qu'en effaçant de la conscience toute loi obligatoire. Étrange perfection! Ainsi, quand on parle de liberté naturelle et qu'on dit avec Rousseau : *Nul ne peut être engagé contre sa volonté*; (1) il faut s'entendre. Si l'on définit les droits de la liberté de nature en ces termes : *la liberté naturelle n'a d'autres bornes que les forces de l'individu*; (2) on commet

(1) *Contrat social.*
(2) *Contrat social.*

une étrange erreur ; si au contraire on définit cette liberté, non comme le pouvoir de tout faire, mais comme celui de se conformer à sa propre destination, on a mille fois raison, nul, ainsi que l'écrit l'auteur du *Contrat social*, ne peut être contraint d'y renoncer. Seulement il importe de bien observer l'homme, de le prendre tel qu'il est, de ne pas l'inventer, comme le fait Jean-Jacques, afin de lui assigner une destination chimérique et d'en extraire le *Contrat social*.

Est-ce aliéner (je me sers à dessein de ce terme), est-ce aliéner sa liberté naturelle, que de la soumettre à la loi du devoir ? Aliéner, d'après Rousseau, c'est donner, ou vendre ; mais l'homme soumis au devoir ne se donne ni ne se vend ; entre deux parts il choisit la meilleure, voilà tout. La loi naturelle n'altère pas, ne détruit pas la liberté primitive, elle la conduit seulement vers une excellente fin. Qu'on ne dise donc plus sans réserve avec l'auteur du *Contrat : Nul ne peut être engagé contre sa volonté;* puisque d'abord la loi de nature nous engage, indépendamment de nous-même, au nom des perfections de Dieu.

Allons plus loin : — car ces détails sont autant de principes — je puis le bien et le mal, je ne dois que le bien, désormais je ne voudrai que le bien. — *Arrête, s'écrie Rousseau, on ne s'engage pas envers soi-même, il est absurde que la volonté se donne des chaînes pour l'ave-*

nir. (1) Éloignons l'équivoque : l'homme ne s'engage pas envers lui-même, envers sa volonté, il s'engage envers ce qui est au-dessus d'elle et de lui, envers la raison ; il ne se donne pas des chaînes pour l'avenir, il se voue à l'accomplissement de sa destinée. Où est le mal ? — Dans l'abandon de la liberté, répond l'école. — Que dites-vous ? Ne faut-il pas à chaque moment user de notre libre arbitre pour tenir ferme dans le dessein arrêté, repousser l'attrait des passions, choisir enfin entre le plaisir et la vertu ? Mais quand même l'homme ne prononcerait pas cette parole : *Je me voue à telle tâche, désormais je ne ferai que le bien ;* en serait-il moins engagé ? Non : la loi morale existe, c'est un fait, elle s'impose à l'intelligence, au cœur, à la volonté, qu'on le veuille ou non. Dieu, pour nous lier à l'obligation de vouloir ses desseins, n'a pas besoin de notre signature, et si nous promettons explicitement de les accomplir, ce n'est qu'un pas comme un autre fait dans cette voie et vers ce but. En tout état, repoussons la chimère de l'autonomie, le sophisme d'une volonté qui est sensée s'aliéner dès qu'elle ne fait pas tout ce qu'elle veut ; prenons la souveraineté, partout où elle se trouve, pour ce qu'elle vaut, pour une puissance qui peut tout oser, mais qui s'ennoblit en voulant ce qu'elle doit.

(1) *Contrat social,* liv. 1. vii : liv. 2. i.

En dépit de quelques protestations intéressées, le principe de Rousseau, de la *souveraineté de la volonté (autonomie)*, conduit à tous les crimes; l'homme de la nature, celui du *Discours sur l'inégalité* et du *Contrat social*, ne relevant que de sa volonté qui a pour règle et pour contre poids *une vague sympathie* (Rousseau), une sensibilité toute nerveuse; n'est tenu qu'à ce qu'il veut faire et à ce qu'il ne peut s'empêcher d'exécuter. C'est lui qui parle ainsi : *Je ne reconnais pour être à autrui que ce qui m'est inutile* (1). Cela ne se commente pas.

Mais, reprend-on, nous avons une règle; la volonté limite la volonté, le droit limite le droit; je n'attente pas au droit d'autrui, pour qu'il respecte le mien. — Allons au fond. Agissez-vous ainsi par égoïsme ou par vertu, par intérêt ou par devoir? Si par égoïsme, ne parlez pas de droit, et subissez les conséquences de la morale de l'intérêt; je l'ai jugée *(Introduction)*; si par devoir, je reprends ma thèse, vous obéissez à ce quelque chose de supérieur dont je vous ai parlé, à cette souveraineté qui est au-dessus de la vôtre. Que devient alors l'autonomie? — Il faut toujours en venir à la souveraineté de la raison.

En résumé, en ce qui a trait à la direction de l'individu par lui-même, le pouvoir réside dans la volonté

____

(1) *Contrat social,* liv. 1.

agissant sous l'œil et sous l'empire de la loi intérieure, de la raison. — Cette donnée primordiale, que j'ai dû développer avec quelque soin, s'applique à tout, à la souveraineté dans la famille, à la souveraineté dans l'état ; étudions la souveraineté dans la famille.

34. J'ai prouvé qu'au point de vue abstrait, l'indissolubilité du lien conjugal est, comme le mariage, un principe de nature, de nécessité. (§ 8. 9. 10.) Or, on comprendra facilement, d'après ce qui précède, pourquoi je me trouve sur ce point en désaccord avec les partisans d'une union de convention, basée non sur une nécessité de nature, mais sur le seul consentement des parties, consentement qu'un caprice peut briser : on le comprendra, dis-je, car ceux que je réfute partent avec Rousseau de la *souveraineté de la volonté*, qu'ils mettent au-dessus de la nécessité et de la nature, tandis que je place ces choses de divine raison au-dessus de la volonté. — Quelle aliénation de soi-même, à leurs yeux, s'ils sont conséquents, que l'abandon mutuel de deux volontés vouées pour toujours l'une à l'autre ! Mais il s'agit uniquement de savoir si la nature et la nécessité ordonnent qu'il en soit ainsi. Dans le cas de l'affirmative, il n'y a pas d'aliénation, il y a direction d'un couple vers sa fin.

Dans l'hypothèse de l'*autonomie*, je ne sais comment

établir le gouvernement de la famille? Qui dirigera? Tous ou personne? Si tous dirigent, c'est absolument comme si nul ne gouvernait. La majorité? Mais, de par l'autonomie, la minorité peut refuser d'obéir, c'est la guerre. — Le père commandera. — Pourquoi? Est-ce que la doctrine n'implique pas l'égalité de toutes les volontés. Donc ma question se renouvelle : qui commandera? — L'époux, reprend-on, parce qu'il y a contrat stipulant sur ce point. — Cependant votre maître l'a écrit: *C'est une chose absurde de prétendre donner à la volonté des chaînes pour l'avenir. (Contrat social.)* Aussi le philosophe conclut-il, nous l'avons vu, à la dissolution arbitraire de la famille, « aussitôt que le besoin cesse, » c'est-à-dire, en définitive, à la promiscuité. Passons.

Le contrat engage-t-il ceux qui ne l'ont pas signé? Que Rousseau réponde. — *Nul ne saurait être engagé contre sa volonté. (Contrat).* J'entends donc les fils, ce peuple de la famille, s'écrier : *tant qu'un peuple est contraint d'obéir et qu'il obéit, il fait bien ; sitôt qu'il peut secouer le joug et qu'il le secoue, il fait encore mieux.* (1) — Il est vrai que *les fils restent unis au père aussi longtemps qu'ils ont besoin de lui pour se conserver, mais qu'ils sont exempts d'obéir dès que ce besoin cesse.* (2) —

(1) *Contrat social ;* liv. 1.
(2) *Contrat social ;* liv. 1.

Je demande comment, *en droit*, le besoin contraint la volonté et fonde le devoir d'obéir? Ce qui me conduit à cette question : si les fils jugent prématurément que le besoin a cessé, que se passera-t-il? Arrivons au vrai ; Rousseau l'avoue : *avant qu'ils soient en âge de raison, le père peut stipuler pour eux.* (1). Sous ce mot tout croule ; si nul ne s'appartient avant l'âge de raison, qui apporte avec lui le droit et le signe de l'émancipation, il est clair que l'exercice libre de la volonté n'est pas un droit de nature, mais un droit de raison, mérité, conquis. Ne l'ai-je pas prouvé? (§. 9. 10.) Partout, nous retrouvons la même puissance au-dessus des volontés ; elle confère aux uns le droit de commander, aux autres le devoir d'obéir, et ne règle pas moins le commandement que l'obéissance.

Je n'ai point à revenir sur les droits du père, sur leur caractère particulier, leur mesure et leur limite, selon les cas ; j'ai proposé le moyen de résoudre ces questions. (§. 20). Ce que je voulais établir, c'est que les volontés particulières, dans la famille, sont nécessairement subordonnées à celle du père qui a reçu directement de Dieu le droit de commander, comme l'émancipé commande à lui-même, sous l'œil du devoir et de la justice, en vue de sa destination ; ce que je voulais établir, en un mot,

(1) *Contrat social ;* liv. 1.

c'est *la souveraineté de la raison*. Cette souveraineté est tellement imprescriptible et au-dessus de toute autre, que, malgré le droit de la nature et le cri du sang, si le père devenait fou, ou criminel, à ce point de menacer l'existence matérielle ou morale de la famille, les fils unis à la mère devraient le déposséder de son gouvernement domestique, pourvoir à la direction de la communauté, ou la dissoudre régulièrement.

J'entends de nouveau l'objection : quand y a-t-il réellement folie, ou crime de nature à permettre la déposition d'un père et d'un tyran ? Difficulté redoutable, mais inévitable ; elle se rencontre partout dans les choses morales (nous l'avons vu) où l'on prononce souvent d'après des éléments complexes et plus qu'à demi voilés. Une règle générale ainsi posée : *le pouvoir perd ses droits quand il va de toute évidence au renversement de la communauté*, indique bien ce qu'il y aurait à faire lorsque l'évidence est là (et souvent elle éclate) ; mais, le plus ordinairement, force est de statuer d'après des indices, des opinions, des convictions qui ne sont pas l'évidence, tant s'en faut. *(Introduction.)* Faut-il, parce qu'il n'y a pas alors de *criterium* infaillible, se jeter dans le scepticisme ou dans les extrêmes ? Faut-il, par exemple, au lieu de juger à ses risques et périls, en faisant appel à tous les moyens dont l'entendement dispose, proclamer, soit l'inviolabilité de la tyrannie, soit l'autonomie? Non : car voilà l'absolu, l'excès, la théorie inflexible à la place de la vérité ; car voilà, dis-je, en principe, au profit d'un tyran, d'un fou, ou de la multitude aveugle, la consécration de la souveraineté de la volonté. — Qu'on entende mieux l'homme, ses forces, ses faiblesses et ses devoirs ; il serait trop facile, pour éviter la réflexion, la recherche, l'erreur, la responsabilité, de mettre un système absolu au lieu et place des hésitations de la conscience, des choix aléatoires de la volonté.

En résumé, quand il s'agit d'un pouvoir quelconque qui peut dégénérer en folie ou en tyrannie, le dilemme se pose en ces termes : ou il faut tout souffrir, et consacrer ainsi les derniers excès du despotisme, ou il faut enfin arrêter le mal, et proclamer un droit de résistance légitime. Toute saine philosophie se rattache au second parti. — D'où ce nouveau dilemme : ou la société peut déposer un pouvoir *quand cela lui plaît*, c'est le triomphe de l'arbitraire des multitudes, ou elle peut le déposer *quand cela est juste et bon*, c'est le vœu de l'équité. — Mais ce vœu, comment l'accomplir, sans rencontrer toutes les difficultés, toutes les chances de l'appréciation? On ne me le dira pas, car il est impossible de les éviter. Nous devons donc les subir, risquer l'erreur, ou, ce qui pis est, nous jeter dans les extrêmes. J'insiste sur cette nécessité de situation.

Nous touchons au point essentiel, à la question de souveraineté dans la société politique.

35. L'origine de toute souveraineté étant connue, le débat portera de nouveau sur la ou les personnes en qui le pouvoir réside, et sur les droits des pouvoirs. — Rousseau pose son principe politique du pacte au-dessus de l'histoire, des faits, de la nature, de la nécessité. Pour lui, *le droit ne peut sortir que de la volonté de tous exprimée ou sous entendue. (Contrat social.)* A merveille : en un certain sens le philosophe radical semble s'accorder avec saint Thomas et les plus hauts publicistes. Mais pour lui la volonté, soit explicite soit sous-entendue, peut toujours, à toute heure et quand même, légitimement se manifester, se démentir, se nier. Tel est le véritable esprit du *Contrat social*, fruit de la volonté pouvant, *quand cela lui plaît,* faire ou défaire, construire ou renverser : c'est, d'un mot, la souveraineté de la volonté.

Je l'accepte, pourvu qu'on me prouve en maintenant fermement l'hypothèse et sans biaiser, que ceux dont le vouloir n'intervient pas, ne peut pas intervenir, femmes, enfants, vieillards, malades, consentent implicitement ; pourvu qu'on me démontre, sans tuer le principe de *l'autonomie,* que quiconque résiste peut être contraint.— En exposant d'aussi vulgaires objections, on craint le ridicule, tant le bon sens en fait justice, au profit du droit imprescriptible qu'ont les pères, par exemple, de stipuler pour leur famille, qu'ont les hommes de fonder quelque chose à quoi les générations ne pourront toucher qu'avec mesure et respect. Mais pourquoi craint-on le ridicule? C'est parce que le sens commun, au lieu de se placer au point de vue de la souveraineté de la volonté, se place naturellement à celui de la souveraineté de la raison. Il m'importe de conduire le bon sens, ne serait-ce qu'un instant, au premier point de vue. Supposons l'existence de l'inviolabilité essentielle de la volonté; je comprends dès-lors ces préceptes de Jean-Jacques : *il est interdit de stipuler pour les générations.... il est absurde de donner à la volonté des chaînes pour l'avenir.... la souveraineté est inaliénable, etc. (Contrat social).* Mais l'école du *Contrat* presse mal sa logique ; les générations, en effet, naissent et meurent à chaque minute, arrivent et disparaissent incessamment ; il faut donc que le pacte social naisse et disparaisse de la même manière, sans cela l'autonomie est violée. Ou plutôt, dans l'hypothèse, il faudrait dire avec un de nos plus habiles publicistes : *plus de pacte, plus de constitution. (E. de Girardin.)* Mais quoi donc? La vraie et nette conséquence du principe, la souveraineté réelle de la volonté, le gouvernement direct, permanent, de tous par tous, sans aucune espèce de délégation.... l'impossible! Pourquoi ? Parce que, d'une part, vous l'avez dit, la *souveraineté est inaliénable*, et que toute délégation est une aliénation de la souveraineté ; et que, d'autre part, surveiller en permanence et convenablement le délégué, c'est gouverner soi-même, tandis que ne pas le surveiller, c'est abdiquer. — Il ne faut rien moins que l'hypothèse de l'autonomie, pour donner, à défaut de valeur, quelque opportunité à des arguments dont la puérilité intrinsèque saute aux yeux.

Non-seulement, au reste, la logique de l'école demande une souveraineté de tous, toujours active, mais elle exige encore le *consensus* permanent de tous. L'accord de tous, dis-je, car si la majorité n'a aucun droit contre la volonté inaliénable des opposants, il est impossible que la société ne se dissolve pas quelque jour en se scindant sans cesse : à moins qu'elle ne puisse se perpétuer, vivre, s'accroître dans la guerre civile ! Le principe une fois pris à la rigueur, je n'aperçois que ces deux issues. — Rentrez dans le bon sens, faites reparaître l'autorité de la raison, tout change d'aspect, la nature, la nécessité s'imposent au pur vouloir, elles se montrent avec leurs exigences, leurs droits. Quand l'homme alors fait un pacte, c'est dans le sens de saint Thomas et de Suarez, pour diriger la nécessité, l'organiser, lui donner une forme. Quand, d'un autre côté, les générations naissent et grandissent au milieu de faits laboricusement établis, elles leur doivent, sans perdre de vue le progrès, l'idéal, tout ce qu'un fils doit aux coutumes de la famille. En sorte que le consentement *implicite,* dont parle Rousseau, n'est pas du tout, comme il l'entend, un consentement facultatif, de volonté, mais un consentement obligatoire, c'est-à-dire *dû;* un consentement de raison en d'autres termes. Notons la différence : à ce dernier titre, comme dans la communauté domestique, les non-contractants peuvent être engagés et contraints dans une mesure de justice; à ce titre seul le principe des majorités peut être établi. Mais n'anticipons pas.

Avant qu'il s'agisse de majorités et de minorités, il y a dans l'histoire, quels que soient les vrais principes, des faits dont la raison doit tenir compte. *(Introduct.)* Ces faits modifient la manifestation du droit, ou mieux établissent le droit de diverses manières, mais non sans quelque titre humain accordé ou *dû.* — Que deviennent-ils, ces faits, dans l'hypothèse de l'autonomie ? Des calamités. En tout temps, en tout lieu, en tout état, il serait ordonné de passer outre aux faits, qui sont des maux, d'atteindre d'emblée à l'idéal, de fonder la souveraineté active et permanente de tous. L'histoire, telle que nous la connaissons, n'est alors qu'une ironie amère, une criante illégitimité; au risque de tout confondre, les volontés peuvent, doivent prendre au pied de la lettre cetto conséquence de leur souveraineté : *un peuple est toujours le maître de changer ses lois, même les meilleures, car s'il lui plaît de se faire mal à lui-même, qu'est-ce qui a le droit de l'en empêcher ?* (1) Ne sentez-vous pas, après ces paroles de Jean-Jacques, le besoin de vous rattacher plus fortement que jamais à la souveraineté de la raison ?

36. Mettons le principe fondamental de Rousseau en présence des choses.

Si le malheur des temps veut qu'une société à demi barbare, renferme, au milieu d'une masse ignorante, brutale, asservie aux sens, une minorité assez éclairée, et qui, par prescription ou autrement, possédant le pouvoir social, peut seule en le conservant prévenir le brigandage le plus horrible, direz-vous donc, sans compter avec le fait, que la souveraineté de tous, permanente, inaliénable, a le droit de renier tout ce qui s'est fait sans elle et de renverser l'ordre établi ? Si le pouvoir fait généralement ce qu'il peut et ce qu'il doit, si même ses erreurs, ses fautes, ses injustices, sont moins funestes que sa chûte, et s'il est, vu la culture des esprits, le seul instrument possible de la civilisation : possède-t-il ou ne possède-t-il pas une souveraineté légitime ? Est-il ou n'est-il pas le représentant de la raison ? C'est-à-dire,

(1) *Contrat social*, liv. 1, 12.

est-il ou n'est-il pas, quelle que soit sa forme, monarchique, aristocratique ou autre, un gouvernement *de droit divin ?* — Il est tel, à n'en point douter ; donc, à ce titre, la souveraineté réside légitimement en lui. Cela signifie que le consentement *lui est dû*, et que tel est son titre humain. La multitude a la force, non le droit de le renverser. Savez-vous le droit qu'elle possède ? Celui de peser sur le pouvoir établi, afin d'en obtenir un progrès mesuré, convenable, qui produira plus tard un déplacement de la souveraineté. — Mais si le pouvoir résiste ? Nous n'en sommes pas là.

Je veux être plus précis : nous vivons sous Louis XIV et sous l'administration de Colbert, il y a des abus invétérés, mais de grandes choses, mais un élan remarquable vers la lumière et la civilisation. Le temps a fondé des rapports sérieux, multipliés et profonds, des lois, des habitudes, des mœurs, une organisation, une tradition, des relations diplomatiques, une forte unité morale, une patrie, un drapeau redouté, des lettres, des sciences, des arts, des faits considérables qui se tiennent et se donnent la vie réciproquement comme les organes d'un corps. Il est vrai que les imperfections de l'humanité s'y trouvent. — Écoutons Rousseau : *l'acte qui institue le gouvernement n'est point un contrat, mais une loi, les dépositaires de la puissance exécutive ne sont point les maîtres du peuple, mais ses officiers, il peut les destituer*

QUAND CELA LUI PLAIT, *car il n'est pas question pour eux de contracter, mais d'obéir.* (1) — Vous saisissez l'application.

Suarez va répondre : « Il n'est pas permis au peuple,
» une fois constitué, de limiter davantage l'autorité
» royale qu'il ne l'avait fait dans le pacte social, autre-
» ment il violerait la justice qui ordonne d'observer les
» conventions légitimes, qui enseigne qu'on ne peut
» révoquer en tout ou en partie une donation une fois
» faite validement, surtout quand elle a des charges. —
» Ainsi, on ne peut pas dire sans restriction que le roi
» dans son pouvoir dépend du peuple, quoi que ce soit
» du peuple qu'il l'ait reçu, car le roi a pu dépendre du
» peuple pour devenir roi, mais il n'en dépend plus
» pour conserver son autorité. Ainsi un roi légitimement
» établi possède l'autorité souveraine pour toutes les
» choses à l'égard desquelles il l'a reçue ; il a acquis
» son autorité en vertu d'un contrat implicite ou expli-
» cite ; or la nation ne peut rien dès-lors contre lui. » (2)
Mais d'un autre côté, c'est ce même Suarez qui établit
avec Bellarmin que, lors même qu'une nation a constitué
un chef sans aucune condition expresse, elle n'en garde
pas moins le droit de se défendre contre des entreprises

(1) *Contrat social*, liv. 3 , 1.
(2) *Rép. au roi d'Angleterre.*

tyranniques qui iraient évidemment jusqu'à renverser l'ordre social. — Où est la vérité?

Du côté de Suarez. — L'acte, en effet, qui institue le gouvernement n'est pas une loi, mais un contrat, puisqu'il a ses charges. Toute charge implique des devoirs, et tout devoir rempli confère au mandataire un droit de divine raison digne de respect. Ceux-là donc que Jean-Jacques appelle *les officiers du peuple*, ont reçu de ses mains un droit, et ils sont les maîtres, non du peuple, mais de l'exécution de leur mandat. Or ces termes : *le peuple peut les destituer quand cela lui plaît*, est une parole de caprice, de révolte, d'iniquité ; dites : *quand leur mandat expire*, dites, *quand ils ne le remplissent pas*, dites, *quand cela est juste et bon.*—En définitive, le *quand il lui plaît* est la conséquence de *l'autonomie*, tandis que le *quand cela est juste est bon* est la conséquence de la souveraineté de la raison.

37. Je reprends : les faits étant au dix-septième siècle et sous un grand roi, tels que je les décrivais tout-à-l'heure, raisonnons avec ce type sous les yeux. — Quel droit a le peuple par rapport aux choses dont il a transféré le gouvernement au prince ? Quel droit a-t-il sur ce prince ? Est-ce à gouverner ? Je ne le présume pas, puisque dans l'impossibilité où il est de le faire, il donne, ou doit son consentement à une délégation. Quel

droit donc aurait-il sur un roi qui ne s'écarte en définitive ni de la tradition, ni des limites de son mandat? Est-ce à l'attaquer de vive force? J'y consens avec saint Thomas, pourvu qu'il soit démontré (je dis démontré), que ce terrible expédient est devenu nécessaire (je dis nécessaire); que le prince conduit l'État à sa perte au lieu de le mener à sa destination. — Est-ce à une révocation délibérée? Non; puisque le mandat n'a pas de limite de durée, et qu'on ne peut lui en assigner une sans violer un contrat formel. — Le mandat est nul, disent les hommes de l'école du *Contrat social*, nos ancêtres n'avaient pas le droit de nous l'imposer, de nous engager. — J'ai levé cette objection. Nos ancêtres avaient ce droit dans de certaines limites; il faut nous accorder ce point, ou se retrancher derrière le principe de l'*autonomie*. — Tout ce qu'on peut prétendre, c'est que le Contrat oblige les deux parties, le prince et le peuple, qu'il impose à toutes ces volontés, la loi de raison, la tendance mesurée, d'une part, vers le progrès, vers la civilisation; l'attente convenable, de l'autre, sans oubli du bien, du but, et de ce qui est dû au progrès par le pouvoir.

Nul parmi les plus décidés de l'école n'oserait prononcer dans sa conscience le mot de Rousseau: *le peuple dépose un chef d'état quand il lui platt de le déposer.* A défaut du sens politique, l'instinct moral et celui d'une prudence vulgaire repoussent ces expressions, n'admit-on pas le contrat synallagmatique. C'est qu'un chef d'état considéré seulement comme *un fait* est encore quelque chose de considérable. Il faut le répéter à ceux qui engagent leur conscience dans une attaque de vive force contre l'ordre établi, quel que soit son nom : leurs motifs doivent être tels qu'ils fassent compensation au sang de la guerre civile, à celui qu'exigera peut-être la défense du pays, et surtout aux misères profondes qui naîtront d'une infinité de rapports brisés, d'habitudes rompues, à la difficulté enfin de refaire un équilibre au milieu des souffrances et des émotions qu'apportent la chûte du crédit public, des transactions, du commerce, du travail. — Peu d'hommes pourraient ne pas reculer devant leur entreprise, s'ils embrassaient d'un regard, jusque dans ses détails, le tableau de tout ce qui résulte d'une violente rénovation. D'autant qu'il n'est pas permis de dire : j'irai jusque là, je m'arrêterai à cette place, je refuse d'ajouter à ma responsabilité tout ce que l'imprévu peut contenir de larmes et de deuil! Certes, il y a des cas de résistance légitime, nous le verrons bien, mais les hommes doivent s'habituer à ne pas en juger légèrement.

38. Cette part une fois faite à la nécessité et à la vérité, pour me servir des paroles de M. Guizot, avant

de me mettre en face d'un peuple légitimement réuni pour se constituer librement, je me demande quel moyen il aura de clore ses débats, d'arrêter ses délibérations? — Un seul, la loi du nombre, le principe des majorités. — Qu'est-ce que ce principe? Dans l'espèce dont il s'agit : *c'est le pouvoir légitime que possède le plus grand nombre de faire prévaloir son opinion et de contraindre les minorités.*

En droit naturel, nous dit M. de Cormenin, je ne suis obligé de céder, ni à un, ni à cent, ni à mille; en droit social, je suis un et vous êtes deux; voilà qui finit la dispute. — Pourquoi? — Parce que, continue le spirituel écrivain, sans cela on n'en finirait pas. Cette loi du nombre, ajoute-t-il, est si belle et si sage, qu'on voit bien que ce n'est pas l'homme qui l'a inventée, mais Dieu même. — Aussi M. de Cormenin s'accorde-t-il le droit de poser *a priori* le principe de sa thèse en ces termes : *la loi de majorité est antérieure et supérieure à toute espèce de gouvernement.* (1)

D'après M. de Girardin: la souveraineté du peuple, c'est la domination législative de la majorité, conséquemment, la soumission légale de la minorité. Elle est cela, dit-il, ou la guerre civile, l'extermination des vaincus par les vainqueurs. Dans l'état de nature, on se

(1) Voy. *Presse* du 4 mars 1840.

bat, dans l'état de société, on se compte, le droit des plus nombreux, c'est le droit social; le droit des plus forts, c'est le droit brutal; au-dessus des plus forts et des plus nombreux, il y a, dit-on, la justice; sans doute, mais qu'est-ce que la justice sans le juge? C'est l'âme sans le corps, éternelle et impalpable. (1)

Il me paraît d'abord difficile de comprendre ce prétendu *droit naturel* dont parle M. de Cormenin, en vertu duquel il me serait permis de me soustraire au principe des majorités, si le principe majoral est inhérent à l'état de société comme le pense le publiciste. En effet, si par *droit naturel* on entend le droit d'aller à sa destination, il est certain que les majorités n'ont rien à y voir; si l'on entend aussi cette faculté que chacun a de placer dans son for intérieur, l'évidence au-dessus des convictions de l'univers, c'est parler en philosophe, Descartes ne dirait pas mieux; mais si l'on fait allusion à un droit imaginaire de vivre, comme l'homme de la nature de Jean-Jacques, en dehors de toute société, on se trompe au même chef que l'auteur du *Discours sur l'inégalité*. La société étant nécessaire, il ne peut y avoir de droit social ennemi de la nature de l'homme.

Au reste, dans l'exposé de ses principes, M. de Cormenin se contredit: *la loi de majorité, écrit-il, est*

______

(1) Voy. *Presse* du 28 février 1850.

antérieure et supérieure à toute espèce de gouvernement.
— Comment alors, dirai-je, accordez-vous qu'on puisse
y résister au nom de la nature? Est-ce que l'homme a le
droit de se soustraire à une loi éternelle? Je dirai plus :
a-t-il le droit de ne pas l'appliquer toujours et quand
même, en tout temps, en tout lieu, comme cette autre
loi éternelle : *tu ne tueras point?* Non : et cependant
l'impossibilité d'une loi majorale absolue saute aux yeux.
Rentrons dans le vrai : la loi majorale a ses racines dans
la nature, comme la liberté ; mais en définitive, son
exercice, comme celui de la liberté, n'est pas un droit
de nature, mais un droit de raison, mérité, conquis.
— Donc la souveraine raison est la seule loi antérieure
et supérieure à tout ; seule elle détermine l'exercice et
la formule du droit majoral. Elle le défend comme un
danger à certaines époques, elle l'appelle à d'autres
comme un moyen de salut.

Toujours est-il qu'il serait bon d'en finir avec ce mot
vague et mal défini d'*état de nature*, dont on se sert, à
différents points de vue, par opposition à celui d'*état
social*. — Après Jean-Jacques et M. de Cormenin, M. de
Girardin en use et prétend : *qu'on se bat à l'état de nature, tandis que l'on se compte à l'état de société.* Je ne
sais nullement ce qui se passe à l'état de nature, j'ignore
si l'homme y est agressif, timide, ou sentimental, cela
regarde Montesquieu, Hobbes et Rousseau ; mais ce que

je sais fort bien, c'est qu'en fait, l'état social voit beaucoup plus de décisions emportées de vive force, que de partis pris au scrutin. Dites que dans l'état de civilisation on se compte, ou mieux, qu'on doit se compter, ou y tendre, opposez ainsi à l'enfance de la société la civilisation comme expression de son âge mûr, et vous serez dans le vrai. — La différence est profonde: si l'âge de majorité d'une société est la condition, non du principe du nombre, mais de sa manifestation, s'il faut, pour qu'on se serve du scrutin, que la raison soit capable d'y reconnaître le signe et l'instrument pacifique du droit, il y a donc un état de société, je ne dirai pas sans principe majoral, mais sans application de ce principe.

La loi du nombre est en effet, je le répète, une loi de raison, que les hommes emploient naturellement comme un moyen d'ordre, de paix, de conclusion. Elle laisse aux minorités leur droit de protestation, de prosélytisme pacifique, leur espoir de devenir quelque jour majorités. Elle ne s'applique, comme chacun sait, qu'aux questions d'opinion ou litigieuses, et non à ce qui est clair. Mais, — ceci est capital — elle est *implicite* ou *explicite*. Sous Louis XIV elle est *implicite*; le droit négatif de l'application de cette loi est évident, le consentement est *dû*, je l'ai prouvé (§ 33, 36). Je dis *dû*, afin de conférer au pouvoir légitime, au sens de Suarez, un titre humain; je dis *dû* au fait, à la nécessité, au bien public, à l'ordre. Sans cela, l'*autonomie*. Que si, en effet, à ce qui est dû, la masse changeant d'avis tout à coup, s'opposait comme nombre , la loi majorale qui sortirait de cette action ne serait plus l'instrument du droit, mais de la violence, la puissance de la raison, mais de la volonté.

Et cependant M. de Cormenin nous déclare absolument : *Qu'il ne peut y avoir de droit acquis contre la majorité... Que de toutes les souverainetés celle du nombre est la meilleure... Que nul gouvernement ne peut se mettre au-dessus d'elle, sinon par la force* (1). — Soit, répondrai-je, mais sous cette condition, savoir : si la souveraineté *explicite* du nombre est devenue légitime, et si elle fonctionne dans les limites de son droit. Autrement c'est proclamer le droit essentiel, permanent, de se compter, quel que soit le pouvoir établi, et qu'il le veuille ou non, c'est nier la loi de nécessité, la loi de raison, c'est affirmer le droit d'insurrection en permanence et rééditer cette pensée de suicide : *Un peuple peut se faire mal à lui-même quand il lui plaît !* (Rousseau). Ou le publiciste accepte cette expression dernière de la souveraineté de la volonté, ou il abandonne ses positions. N'est-il pas clair, en effet, que la moindre réserve apportée au *quand il lui plaît* de Jean-Jacques,

______

(1) *Presse* du 4 mars 1850.

est une restriction de raison qui tue le système? Si vous dites : *quand cela est juste et bon*, votre loi de majorité relève de quelque chose qui est au-dessus d'elle, le bien, la justice, l'opportunité. — Mais, reprend-on, qui donc jugera de l'opportunité et de la justice? Encore le nombre apparemment. — L'objection est plus spécieuse que grave; laissons M. de Girardin la préciser.

Le principe des majorités, nous dit-il, *c'est le droit du plus fort socialement transformé...* Au dessus du droit des plus forts et des plus nombreux, il y a, dit-on, la justice : mais qu'est-ce que la justice sans le juge? C'est l'âme sans le corps, éternelle et impalpable (1). Même doctrine, avec un nouveau point de départ; la souveraineté du nombre n'est plus ici un principe antérieur et supérieur, c'est un fait, *c'est le droit du plus fort socialement transformé.* C'est la force, en définitive, s'exprimant par des votes, au lieu de s'exprimer par des combats. Singulière façon d'établir le respect du droit majoral ! — Mais voici l'objection capitale : *il n'y a pas de justice sans un juge.* Cela signifie : *que la majorité prononcera toujours explicitement, qu'enfin il faut se compter ou se battre.* — Je répondrai qu'il y a quelque chose, d'abord, à quoi ce dilemme ne résiste pas, c'est l'*évidence*, c'est la certitude d'un pouvoir de droit existant.

(1) *Presse* du 24 février 1850.

S'il peut être certain, *évident*, qu'un délégué agit, décide dans les limites de son mandat, le droit du nombre disparaît devant cette certitude. Les majorités ne décident point de ce qui est clair; or s'il l'est, qu'une loi prononçant contre le scrutin est légitimement portée, que le pouvoir, en la promulguant, n'excède point ses facultés, il est manifeste pour tous qu'il faut attendre, et que l'on ne doit ni se compter, ni se battre. On peut, je le sais, passer outre à cette loi, mais encore un coup la force ne fait pas le droit. Entre la majorité et la minorité, a dit aussi quelque part M. de Girardin, je ne connais pas d'arbitre plus sûr que le temps. Il est bon de lui faire remarquer, qu'entre les majorités et le pouvoir, il n'y a sans doute pas, non plus, de meilleur arbitre. — Prétendra-t-on que toute loi qui s'oppose à l'expression extérieure du nombre est nulle de droit? C'est nier les consentements dûs; c'est mettre le *quant il lui plaît* au-dessus de la raison, de la nécessité, de tout. Soutiendra-t-on que l'évidence que j'invoque, ne peut jamais exister dans l'espèce? C'est nier l'histoire et le soleil.

Mais si elle n'existe pas enfin ! — Eh bien ; deux juges sont alors en présence, le pouvoir et la majorité ; il s'agit de savoir, pour l'un, s'il doit maintenir toutes ses prétentions, pour l'autre, si le cas de résistance légitime est arrivé ; des deux côtés il y a à céder, ou à contraindre ; à attendre, ou à transiger ; qu'ils prennent un parti quelconque après mûre réflexion , *à leurs risques et périls!* Vainement prétendrait-on empêcher la question de se poser ainsi : la délégation du pouvoir, si courte soit-elle, étant concédée comme une nécessité de l'état politique, les deux juges, à un moment donné, sont en présence, quelle que soit la forme du pouvoir établi. Pour éviter ce danger, il faudrait l'impossible, l'absurde, c'est-à-dire une loi qui permît de se compter en permanence. Ce serait *le gouvernement direct de tous par tous*, dont il sera question dans un instant ; ce serait la décision au scrutin des plus hautes questions politiques. — S'il faut en passer, répondra-t-on, par les inconvénients des délégations, que celles-ci soient de courte durée. — Je le veux, si les circonstances le permettent ; mais ce n'est pas de ce point présentement qu'il s'agit.

Les hommes du fait reviennent à la charge. Comme en définitive, nous disent-ils, les peuples se battent ou se comptent, souffrez que nous leur apprenions à ne jamais se battre et à toujours se compter. — Apprenez-leur plutôt à bien juger du droit, et à se compter seulement quand il est légitime et bon de le faire. — Métaphysique que tout cela, reprend-on, courbez-vous devant le fait. — Je suis très disposé à en tenir compte ; mais d'où vient-il ce fait lamentable ? De ceux qui font du droit des majorités, du scrutin, un principe absolu, universel, au lieu d'y voir une des manifestations de la raison, dont il faut poser les conditions et les limites. Le fait! mais vous l'avez produit, au lieu de le contenir. N'est-il pas le résultat de cette *souveraineté de la volonté*, fille du *Contrat social*, qui a cours partout, même chez de hauts politiques. Réformez les idées et les faits changeront.

Au reste, si M. de Girardin est dans le vrai, si toute justice est éternelle et impalpable sans le juge, — ce qui sous sa plume signifie sans le scrutin, — il faut, pour les besoins de la vie ordinaire, que la majorité prononce sur toute question morale, décide, en se comptant, de ce qui est vice ou vertu. Ne parlons plus dès lors de morale éternelle et de ce qui en découle; tout est à la merci d'un vote, et le dernier des misérables, en passant de droite à gauche, fera comme à Sparte une vertu du vol. — C'est que le nombre n'est rien en tant que nombre, c'est qu'il n'est digne de respect qu'à titre d'instrument de la raison. — Qu'entendez-vous par *raison*, me dira-t-on encore? La raison générale? Vous retombez sous la loi du nombre. La raison personnelle? chacun juge à sa façon. — Je réponds avec Descartes, que d'abord chacun ne juge pas à sa façon *de ce qui est clair*; qu'ensuite ce qui est clair, d'une part, contraint la raison générale comme chaque raison particulière, et s'impose aux majorités, tandis que, de l'autre, ce qui n'est pas clair met nécessairement les deux juges en présence. — S'ils y sont enfin, ne pouvant s'entendre, et faisant appel au scrutin, au lieu de faire appel aux armes? Je ne puis que les louer de cette modération, il y a déjà concession des deux parts.

39. Mais la lumière se fait, les majorités fonctionnent régulièrement, légitimement, le peuple constitue : que fera-t-il de sa souveraineté? Peut-il, doit-il la conser-ver? Peut-il, doit-il la transmettre? Dans ce dernier cas, à qui? avec quel privilége? avec quelles facultés? Fénelon nous a fait remarquer : *que le peuple n'est qu'un canal par où l'autorité passe et se répand.* Que penser de cette maxime?

Sachons d'abord que les plus hauts caractères du pouvoir de droit, qu'il soit entre les mains d'un seul ou de plusieurs, sont *l'unité, l'indépendance, l'invio-labilité.* De l'aveu de tous, il doit être *un, inviolable, absolu,* quand il applique la loi, quand il agit dans le cercle de son mandat. De Maistre et Rousseau en conviennent également. Autrement, division, faiblesse, anarchie, décadence de la société. — Le peuple peut-il garder par devers lui un pouvoir empreint de ces caractères? S'il le peut, dans une cité très petite, où tous se voient, s'écoutent, se réunissent au premier appel, s'il le peut, dis-je, il en a le droit. Je l'affirme après saint Thomas et Suarez, et, avec eux, je nomme ce droit *droit divin*, comme celui des rois. Je doute cependant qu'on puisse, dans un très petit état, se passer d'une délégation quelconque, pour administrer, d'une délégation à pouvoirs limités, à courte échéance, autant qu'on le voudra, mais réelle ; c'est-à-dire embrassant au moins l'interprétation, l'application de la loi, la répression du désordre, la connaissance de la mesure et de l'opportunité de cette répression, toutes choses qui cèdent évidemment aux magistrats une part de la volonté de chacun, et les font souverains dans le cercle de leurs attributions. — Mais, pour peu que l'état soit considérable, le gouvernement direct de tous par tous est manifestement impossible. Aussi Jean-Jacques et les siens admettent-ils la nécessité d'une délégation, tout en prétendant retenir la souveraineté entière et intacte dans le peuple, ce qui implique contradiction. C'est là le grand effort et la continuelle fiction du *Contrat social*. On n'a pas fait mieux depuis, au contraire ; analysons le procédé.

40. Le problème fondamental du maître est celui-ci : *Trouver une forme d'association qui défende et protège de toute la force commune la personne et les biens de chaque associé, et par laquelle chacun s'unissant à tous, n'obéisse pourtant qu'à lui-même et soit aussi libre qu'aupara-*

vant. (1) Comme ce dernier trait « soit aussi libre qu'auparavant » découle de l'idée que Rousseau se fait de l'état de nature, je ne crains pas d'affirmer que le philosophe demande l'impossible.

Le principe qui concourt éminemment à la solution du problème, se nomme dans le langage de Rousseau : *l'inaliénabilité de la souveraineté.* — Le *souverain*, le *peuple*, assure-t-on, ne peut être représenté que par lui-même ; *le pouvoir peut bien se transmettre, mais non la volonté.* (2) Vous voyez reparaître ici l'*autonomie.* Dans les chapitres suivants, l'auteur du *Contrat* s'efforce de prouver que la souveraineté n'est pas moins indivisible qu'inaliénable ; qu'elle est inviolable et absolue dans les limites du contrat ; qu'elle ne peut errer.—A merveille ; arrivons à l'application.

S'agit-il de donner le mouvement et la volonté au corps politique par la législation, après lui avoir donné la vie par le pacte social, la contradiction, dont le germe était dans les principes, se fait jour. — *Comment* (c'est Rousseau qui parle), *une multitude aveugle, qui souvent ne sait ce qu'elle veut, parce qu'elle sait rarement ce qui lui est bon, exécuterait-elle d'elle-même une entreprise aussi grande, aussi difficile qu'un système de législation ? La volonté générale est toujours droite, mais le jugement*

(1) *Contrat social,* liv. 1. VI.
(2) *Contrat social*, liv. 2. I.

qui la guide n'est pas toujours éclairé. (1) — Ce langage, marqué au coin d'une singulière irrévérence envers le peuple souverain, m'inquiète : comment le souverain va-t-il être traité ?

Très-mal ; on lui impose *un législateur, un homme, un Lycurgue, un Solon, un Dieu, si l'on en trouvait un pour donner des lois aux hommes.* (2) — On destitue en un mot le souverain du pouvoir de faire lui-même ses lois ; mais voici le palliatif. Faire la loi, reprend Rousseau, n'est point magistrature, n'est point souveraineté, cet emploi qui constitue la république n'entre point dans sa constitution, c'est une fonction particulière.... *Celui qui rédige la loi n'a donc aucun droit législatif, le peuple ne peut, quand il le voudrait, se dépouiller de ce droit incommunicable.* (3) — Ainsi, le peuple sanctionne et promulgue les lois ; incapable de les faire, en tant que multitude aveugle, il devient capable de les juger. Ce code entier et complexe de tous les rapports sociaux, il le proclame bon, quand peut-être il est détestable, et détestable, lorsqu'il est peut-être excellent. Singulière autorité à ajouter à celle du législateur que celle *d'un souverain aveugle qui ne sait ce qu'il fait ! (Contrat).*

(1) *Contrat social,* liv. 2. VII.

(2) *Contrat social,* liv. 2. VII.

(3) *Contrat social,* liv. 2. VII.

Autant vaut presque qu'il fasse lui-même ses lois que de les choisir au hasard ou à contre-sens.

Voyons ce que la loi fondamentale, celle qui règle les rapports du tout au tout, ou du souverain avec lui-même, statuera en faveur de ce souverain.

Tout corps politique, d'après Rousseau, se compose de deux puissances, l'une correspond à la volonté, l'autre à la force ; la première est le pouvoir législatif, la seconde le pouvoir exécutif. La puissance législative appartient au peuple, mais la puissance exécutive ne peut appartenir à la généralité, comme législatrice ou souveraine, *parce que cette puissance ne consiste qu'en des actes particuliers.* (1) — Il faut donc un agent qui applique la loi, fruit de la volonté générale. — Les membres du gouvernement, reprend Jean-Jacques, s'appellent magistrats, rois, c'est-à-dire *gouverneurs,* et le corps entier porte le nom de PRINCE. — Que sont-ils ? De simples officiers du peuple, du SOUVERAIN ; ils exercent en son nom le pouvoir dont il les a faits dépositaires, et qu'il peut limiter, modifier, reprendre QUAND IL LUI PLAIT ! (2)

Voilà l'application du principe de la souveraineté de la volonté. Pour effacer la contradiction d'un pouvoir que l'on délègue et que l'on retient tout à la fois, il ne faut rien moins que cette logique du caprice ; rien moins

(1) *Contrat social* , liv. 3. I.
(2) *Contrat social* , liv. 3. I.

que le *quand il lui plaît*. Cependant lisons encore : Le gouvernement est en petit ce que le corps politique est en grand, c'est une personne morale douée de certaines facultés, *active* comme le *souverain* (le peuple), passive comme l'*État*... Il y a cette différence essentielle entre ces deux corps, que l'État existe par lui-même, et que le gouvernement n'existe que par le peuple. Ainsi la volonté du *prince* (Rousseau appelle *le prince*, le gouvernement quel qu'il soit), n'est ou ne doit être que la volonté générale, ou la loi; sitôt qu'il veut tirer de lui-même quelque acte absolu et indépendant, la liaison du tout commence à se relâcher. (1)

Quelque acte absolu et indépendant ! Que veut-on dire ? S'agit-il d'un acte contraire au pacte fondamental ? Non-seulement le lien se relâche, mais il est moralement brisé. S'agit-il de l'interprétation des lois ? Voilà un acte absolu, indépendant, et cependant nécessaire, un acte essentiellement général, s'appliquât-il à un cas particulier. S'agit-il de l'opportunité de l'application des lois ? Même résultat, même action de la part d'une personne morale, qui tire et doit tirer quelque chose de son propre fond, dans l'espèce, sans consulter le *souverain*, le législateur. Ne serait-ce donc pas là un acte de souveraineté ? Sans doute, c'en est un, je défie qu'on y

(1) *Contrat social*, liv. **3. I.**

échappe, sauf par l'absurde, savoir, par *le gouvernement direct de tous par tous*, ou par *l'an-archie*, synonyme ici d'absence de pouvoir dirigeant.

Aussi Rousseau se débat-il vainement contre lui-même. — Celui qui fait la loi, d'après lui, *sait mieux que personne comment elle doit-être exécutée et interprétée..... Mais, continue-t-il, il n'est pas bon ni possible que celui qui fait la loi l'exécute.... Aussi à prendre le terme dans sa rigueur, il n'a jamais existé de véritable démocratie... il est contre l'ordre naturel que le grand nombre gouverne, que le petit soit gouverné.... On ne peut imaginer que le peuple reste incessamment rassemblé pour vaquer aux affaires publiques et l'on voit aisément qu'il ne saurait établir pour cela de commission, sans que la forme de l'administration change.*(1)—Apercevez-vous l'hommage rendu forcément au principe de la souveraineté d'un délégué qui agit dans les limites de son mandat? La' vérité s'impose à l'écrivain abstrait du *Contrat social*, et lui dicte, à propos de la forme de gouvernement qu'il imagine, de cette forme démocratique par excellence dans laquelle la souveraineté appartiendrait en permanence au peuple, ces aveux qu'il m'importe de recueillir : *Que de choses difficiles à réunir suppose le gouvernement démocratique ! Premièrement un État très-petit où le*

(1) *Contrat social*, liv. 3. IV.

peuple soit facile à rassembler, où chaque citoyen puisse aisément connaître tous les autres ; une grande simplicité de mœurs, beaucoup d'égalité.... S'IL Y AVAIT UN PEUPLE DE DIEUX, IL SE GOUVERNERAIT DÉMOCRATIQUEMENT, UN GOUVERNEMENT SI PARFAIT NE CONVIENT PAS A DES HOMMES. (1)

Alors pourquoi le leur proposez-vous ? — Quant à ceux qui rêvent le *Contrat social* dans toute sa pureté, qu'ils réfléchissent sur cette conclusion du maître : *Tout bien considéré, je ne vois pas qu'il soit possible au peuple, au souverain, de conserver l'exercice de ses droits si la cité n'est très-petite.* (2) Un peuple de Dieux, une très-petite cité, telles sont les conditions de l'application de la théorie ; sans cela, Rousseau l'avoue, *la délégation est une représentation, et le délégué, dans son mandat, est souverain.* — Il faut bien descendre sur la terre, en venir à la réalité. Dès-lors, cette fiction d'un prétendu souverain, approuvant et promulguant, sans les comprendre, les lois faites par le législateur, disparaît ; le représentant, le délégué, LE PRINCE, un ou multiple, promulgue, applique, exécute, défend ce qu'il a fait et compris. Si le peuple assemblé avait quelque chose à sanctionner directement, ce serait tout au plus un statut

(1) *Contrat social*, liv. 3. IV.
(2) *Contrat social*, liv. 3. XV.

fondamental, simple, clair de soi. Autrement, l'intervention populaire ne serait qu'un danger de premier ordre.

Le souverain, d'après la définition ordinaire, *est celui qui fait la loi et qui en assure l'exécution.* D'où il suit, que c'est la délégation, si restreinte qu'elle soit dans son mandat, qui possède la souveraineté. Il est donc vrai de dire, en thèse générale, comme Fénelon l'a dit lui-même : *Que le peuple est un canal par où l'autorité passe et se répand.* Et peut-être est-il plus juste encore de faire remarquer : que la souveraineté se déplace, qu'elle passe du peuple constituant au mandataire constitué, qu'elle revient du mandataire au peuple, quand le mandat prend fin d'une façon quelconque, parce qu'ainsi l'ordonne la vraie souveraineté, celle qui est au-dessus des représentés et des représentants, la souveraineté de la raison qui ne se déplace pas. C'est elle qui protège le souverain comme le non-souverain ; qui défend le peuple contre le prince, si celui-ci prétend usurper, et sanctifie ainsi la résistance légitime ; le prince contre le peuple, si celui-ci attaque son mandat avec injustice, et sanctifie alors la résistance du pouvoir ; c'est elle enfin qui proscrit le *quand il lui plaît,* d'où qu'il vienne, et s'impose partout aux caprices des volontés.

41. Cependant, encore aujourd'hui, l'école de Rousseau fait effort pour rentrer dans les principes de la

souveraineté du peuple telle que la définit le *Contrat social*. Certains de nos publicistes, sans remarquer qu'ils écrivent non pour *une très-petite cité*, mais pour un grand peuple, qui peut prétendre à toutes les gloires, sauf à celle d'*égaler la vertu des Dieux* (Rousseau); renchérissent sur la théorie du *Contrat social* et sur la constitution de 93. Le gouvernement direct du peuple par le peuple, que Rousseau tient pour impossible, est représenté par eux comme quelque chose de simple, de facile et de clair.

Mais pendant que MM. Rittinghausen, Considérant, Ledru-Rollin et quelques autres, faisaient hommage à la démocratie de divers projets de gouvernement direct du peuple, M. de Girardin prenait le contrepied, les réfutait à outrance, et proposait à son pays : *l'abolition de l'autorité par la simplification du gouvernement.* (1) M. Proudhon intervient, les attaque, les ruine radicalement, enveloppe l'idée de M. de Girardin dans sa proscription finale, et formule enfin la fameuse proposition d'absence du pouvoir social, sous le nom ironique d'*an-archie.* Le nom scientifique, ou mieux, économique de cette sorte de gouvernement, c'est l'*échange*, *le contrat libre et direct des hommes entre eux.* (2) — Il y a deux manières de juger ces écrivains : le point de vue abstrait, le point de

(1) *Presse* du 7 mars 1851.
(2) *Idée générale de la révolution.*

vue pratique. Ce dernier tient compte du sujet sur lequel ils veulent appliquer leurs théories, du peuple à constituer et des conditions dans lesquelles il se trouve. J'expose les principes du gouvernement direct du peuple par le peuple.

Quelles sont les différences de détails qui séparent les adeptes nouveaux de cette utopie? Leur point de départ est le même, c'est à un mot près celui de Rousseau : *La souveraineté de la volonté collective. — Collective*, disent-ils ! Comme si la collectivité ajoutait à la volonté un titre qu'elle n'a pas par elle-même? — *La souveraineté du peuple*, écrit M. Considérant, tout inspiré de Rittinghausen, *signifie la volonté libre, absolument libre, absolument indépendante*, L'AUTONOMIE. *La souveraineté, c'est la liberté toujours : est-ce que la nation d'hier est la nation d'aujourd'hui ?* (1) — C'est comme si l'on parlait ainsi : est-ce que l'homme d'hier est l'homme d'aujourd'hui? Plus d'engagements, plus de solidarité, plus de lien moral, plus d'unité dans la vie. A chaque instant, je puis changer de caractère, de conduite, uniquement parce que je le veux, ma volonté actuelle est tout. Quelle philosophie ! On ne nie pas impunément la souveraineté de la raison ; dès qu'elle n'est plus là, la pensée, individuelle ou collective, est entachée du carac-

(1) *Solution.*

tère de *personnalité*, caractère humain, relatif, sans titres, sans autorité. Mais si la raison intervient, si elle se place au-dessus de la volonté des masses, comme au-dessus de celle des individus, il n'y a plus de pensée individuelle, ni de pensée collective, il n'y a plus de caprice individuel, ni collectif, il y a *la raison*, la raison impersonnelle et universelle, sanctifiant tout ce qu'elle touche, pénétrant tout de ses droits à l'obéissance et au respect. C'est elle qui engendre les *consentements dûs, les prescriptions, l'autorité des faits, des nécessités, celle même des majorités* (§ 35); c'est elle que cherchent et vénèrent, au moins dans leurs discours, les volontés particulières et collectives, non sans se mettre, parfois arbitrairement, à son lieu et place, afin de jouir de ses droits et d'être obéies en son nom. Mais l'histoire prouve que pour les individus comme pour les sociétés, la raison, la vérité même se dégage peu à peu, dans la souffrance et le travail, de ce mélange d'erreur que les volontés, que les faiblesses humaines tirent incessamment de leur propre fond. S'il y avait un moyen prompt, sûr, un moyen de connaître, de faire vivre immédiatement la vérité pure, la tâche de l'humanité serait trop facile : Dieu ne l'a pas voulu ainsi.

Quoiqu'il en soit, *l'autorité permanente de la volonté collective*, voilà le principe. *(Solution)* Quel sera son moyen de manifestation? — Mais ce sera, dit-on, la

législation directe. Il faut surtout d'après M. Considérant:
fuir les délégations, car toute délégation est un transfert
de la souveraineté et de plus une mystification. (1) Un
transfert, je l'accorde ; une mystification, je le nie.
Comment pourrais-je ne pas le nier, quant à mes yeux
le transfert (sauf dans les conditions de Rousseau, *une*
cité très-petite, un peuple de dieux), est une nécessité?
Arrivons au but.

Voici la plus pure, la dernière expression des maîtres
contemporains : « Le peuple universel, dit M. Considé-
» rant, est le seul pouvoir, le seul souverain , par
» conséquent le seul législateur; l'assemblée nationale,
» c'est donc la nation tout entière. Et comme la nation
» ne peut se réunir en une seule assemblée, elle se
» formera en sections dans chaque localité. La loi est
» un Contrat intervenant entre tous les membres de la
» société ; elle ne saurait être obligatoire pour ceux qui
» auraient été repoussés de la formation de ce Contrat.
» En conséquence, tous les français majeurs des deux
» sexes, font de droit partie des sections où est leur
» domicile. Les sections voteront en même temps par
» toute la France sur chaque proposition mise à l'ordre
» du jour de la nation; les suffrages totalisés manifeste-

(1) *Solution.*

» ront la volonté du peuple français. Cette manifesta-
» tion sera la loi. » (1)

42. M. Rittinghausen tient à peu près le même langage, seulement son travail est plus scientifique et moins
passionné. — Qui posera les questions ? Sera-ce le
peuple? Non : il y aura un pouvoir chargé de ce soin ,
et le peuple n'aura d'autre faculté que de répondre
affirmativement, ou négativement. Ce même pouvoir
assurera l'exécution des lois.

M. Ledru-Rollin commence de la même manière, mais
il s'écarte bientôt de la doctrine: *l'assemblée primaire ,
écrit-il, serait la cathédrale moderne, l'autel vivant élevé
au culte de la fraternité.* — Et que fera l'assemblée primaire ? — Des lois. — Le peuple votant directement des
lois , une assemblée de délégués pourvoyant par des
décrets aux nécessités secondaires, un ministère chargé
de l'application des lois, voilà l'idéal. Le peuple posera
lui-même les questions, les questions les plus générales,
l'assemblée et les ministres feront le reste par des
décrets. (2)

Je passe sur la considération de la viabilité des théories de MM. Considérant et Rittinghausen, comme sur les
difficultés tirées de l'ignorance du peuple et de ses pas-

(1) *Solution.*
(2) *Opuscules.*

sions. L'auteur du *Contrat social* me prêterait sur ces divers points de terribles arguments contre les enfants perdus de sa doctrine. Mais comment ne pas remarquer qu'au point de vue de la famille, considérée comme une unité sociale indivisible, c'est-à-dire mue par une seule volonté, le suffrage des femmes, proposé par M. Considérant, est contraire à la loi nécessaire du mariage telle que je l'ai définie. Il est vrai que ce suffrage est la conséquence forcée de l'*autonomie*. Mais alors l'autonomie devient un principe fondamental; pourquoi la violer en instituant, dans l'ordre politique, des majeurs et des mineurs? J'ai relevé déjà cette contradiction, cet hommage de fait rendu à la souveraineté de la raison.

Je supposerai, si l'on veut, — je vais supposer l'impossible, — que l'action de la souveraineté collective donne satisfaction au principe des théoriciens de l'absolu, à la souveraineté individuelle, que les questions ont été posées de manière à être comprises et résolues par tous, comme elles l'eussent été par chacun, comme s'il y avait enfin identité de la pensée collective et de la pensée individuelle; eh bien, je cherche encore vainement dans le tableau que j'ai sous les yeux, la souveraineté absolue du peuple, le *gouvernement direct*; je n'aperçois que le partage de la souveraineté dans le désordre. *Le souverain est celui qui fait la loi et qui en assure l'exécution* (Saint-Thomas). Or, c'est le peuple ici qui fait la loi ; voilà un souverain ; mais c'est le ministre du peuple qui l'applique, qui l'interprète comme il veut, à sa manière, qui y cherche peut-être des armes contre le législateur : voilà un second souverain. Ils sont deux en présence, et M. Considérant sacrifie, lui aussi, à ce qu'il appelle la mystification de la délégation.

Comment ! les théoriciens nouveaux ne remplissent pas leur programme ? Non : pourquoi ? Parce qu'il ne peut pas être rempli. J'accorde si l'on veut le mandat le plus restreint, le plus surveillé, confié aux représentants, aux ministres du peuple : Est-ce que, pendant la durée de ce mandat, le peuple gouverne lui-même ? Il ne fait, dit-on, que surveiller. — Mais si l'on surveille tout, c'est comme si l'on gouvernait de sa main. De deux choses l'une : ou chaque citoyen laisse tous les jours sa charrue et son atelier, pour pénétrer dans les détails de l'administration et de la politique ; le peuple alors gouverne, écartons le délégué ; ou chacun agit autrement, et dans ce cas, pour tout ce qui s'exécute sans la surveillance du peuple, il y a un souverain qui n'est pas lui.

On croit affaiblir l'argument en soutenant qu'à pareil titre, le ministre, le délégué d'un roi est souverain lui-même : mais il y a cette différence considérable entre la délégation représentative du peuple, et la délégation non représentative du roi, que la seconde peut être incessamment surveillée par une personne toujours une, active, présente, si elle le veut, le roi, qui pénètre, quand bon lui semble, dans les détails et se fait rendre compte de tout, afin de chasser le ministre prévaricateur ou inhabile, tandis que le peuple ne peut que s'en rapporter, pour le détail, à une surveillance de seconde main, pour le principal à lui-même, mais à des temps prescrits, puisqu'il lui faut se réunir et n'être pas toujours debout.

Cette critique purement abstraite atteint au cœur le programme *du gouvernement direct* de M. Ledru-Rollin, programme d'autant plus inconséquent à ses propres principes qu'il est plus *gouvernemental*. (Je me sers du mot de la polémique contemporaine). — Comment osez-vous parler, dirai-je, de gouvernement direct du peuple, vous qui soumettez le peuple, dans votre programme, au régime des *décrets?* Ce ne sera pas assez que votre pouvoir exécutif applique les lois délibérées et votées par le peuple, il aura encore le droit d'en porter de nouvelles, capables, sous le nom modeste de *décrets*, de ruiner les lois organiques, de les annuler en détail, et de mystifier le peuple, le législateur, en l'asservissant! — M. Ledru-Rollin rentre sans doute à demi dans la vérité, dans la nécessité, mais aux dépens de ses promesses, et il ne propose encore qu'un idéal. Que serait-ce si sortant de l'abstrait, on mettait la doctrine de ce publiciste en présence des faits, par exemple, de la culture morale, intellectuelle, des habitudes, des passions de notre temps et de notre pays?

En prenant pour type de l'idée gouvernementale, le pouvoir absolu, en opposant à cette affirmation son antithèse, la liberté absolue de chacun ou l'absence de gouvernement, on reconnaît que les théories proposées du gouvernement direct, ne sont que des *temps d'arrêt*, des *formules moyennes*, pour ainsi dire, entre le point de départ, l'*autorité absolue*, et l'idéal, savoir : l'effacement du pouvoir, ce que M. Proudhon appelle l'*an-archie*. Ces formules participent toutes, plus ou moins, de l'idée gouvernementale, *de la thèse*, dirait M. Proudhon, et si c'est là leur côté contradictoire, ce n'est pas là du moins leur pire côté. Ce qu'elles ont de déplorable, c'est de constituer la tyrannie du grand nombre, le gouvernement de la confusion, sans éviter de tomber dans la délégation qu'elles maudissent.

43. M. de Girardin, tout en paraissant caresser l'antithèse, la négation de l'idée gouvernementale, tout en faisant bruit de ce titre : *abolition de l'autorité par la simplification du gouvernement;* n'est pas moins vaincu par la nécessité gouvernementale que l'auteur du gou-

vernement direct. Ce n'est réellement au fond que d'intention qu'il appartient à l'antithèse.

Ce même publiciste, qui en 1850 s'attachait si fortement à la loi du nombre, affirmant son opinion en ces termes énergiques : *il faut se compter ou se battre*, paraît en 1851 fort désenchanté des fruits de *cette loi de hasard (sic)*. Il fait remarquer aux auteurs du *gouvernement direct*, qu'elle trouverait dans le suffrage des assemblées primaires sa plus complète et sa plus lamentable expression (1). « Plus de souveraineté du nombre,
» elle est absurde, une assemblée élue par le suffrage
» universel donne le spectacle de la plus déplorable
» impuissance, et MM. Rittinghausen, Considérant et
» Ledru-Rollin multiplient ces assemblées! (2) » Plus
de souveraineté du nombre, dites-vous, mais quoi
donc? « *La souveraineté individuelle*, répond M. de Gi-
» rardin, c'est-à-dire la souveraineté au-dessus de la-
» quelle il n'en doit exister aucune autre que celle de
» Dieu (3). » Voilà bien la négation de l'idée gouvernementale, l'antithèse posée, l'autonomie proclamée, il
n'y a pas à s'y tromper. « Dieu, dit l'habile dialecticien,
» a donné à l'homme le libre arbitre, il lui est enlevé
» par toute souveraineté, sous quelque nom qu'elle se

(1) *Presse* du 10 mars 1850.
(2) *Presse* du 10 mars 1850.
(3) *Presse* du 10 mars 1851.

» cache (1). » D'où ce programme : *abolition de l'auto-*
rité ! — Mais qui s'occupera de l'intérêt collectif, au
dedans et au dehors? Tous, ou personne? Tous, c'est
le gouvernement direct, la ruine du programme de
M. de Girardin; personne, c'est bien alors *l'abolition de*
l'autorité; voyons si ce but est atteint dans la mise en
pratique du système.

Il ne l'est pas, car un ministre nommé par le peuple
fait les lois, gouverne et administre comme un monar-
que absolu. Ce ministre, il est vrai, rend tous les ans
des comptes de gestion à une assemblée qui approuve
ou improuve, maintient le ministère ou le destitue à son
gré. — Est-ce donc là l'abolition de l'autorité? —
M. Considérant, au nom du principe du *gouvernement*
direct, proteste en ces termes contre le nouveau piége
tendu à la souveraineté du peuple. « Je ne vois pas ici
» une délégation de la souveraineté nationale, non,
» mais j'en vois deux! Délégation au ministère du peuple
» qui l'exerce pleinement sans contrôle pendant un an ;
» délégation au conseil de surveillance qui s'assemble
» tous les ans. Quant au peuple, que fait-il? comment
» exerce-t-il sa souveraineté? Pas autrement qu'en
» allant deux fois aux élections déléguer deux fois l'e-
» xercice de sa volonté (2). » Cette critique est juste, si

(1) *Presse* du 10 mars 1851.
(2) *Solution.*

sévère qu'elle soit. On nous dit, *plus de loi du nombre*, et voilà que le peuple nomme au scrutin son ministère et ses délégués, que ceux-ci formulent leur jugement, sur le ministère, au scrutin encore, à la majorité des voix. On nous dit, *les assemblées sont impuissantes*, et l'on confère à une assemblée la puissance de contrôler les actes du législateur. On nous dit, *abolition de l'autorité*, et l'on institue un dictateur annuel que rien n'arrête, rien, si ce n'est un contrôleur impuissant qui blâme la faute après coup et ne peut la réparer. — Mais le peuple averti change son ministère. — Oui, lorsque le mal est fait, et si le ministre omnipotent n'a pas préparé quelque usurpation, ou usurpé. — La nation, reprend-on, pourra, pour dernière garantie, révoquer à volonté l'administration. — Comment ! le peuple surveillera donc tout? C'est comme s'il gouvernait lui-même : que fait-il d'un délégué? — Il ne révoquera que s'il y a évidence et urgence. — Sans doute, s'il est encore temps de révoquer ! Est-ce à tort que M. Considérant applique le mot de mystification au système, lorsqu'il compare ce qu'il promet à ce qu'il tient? — Quant à moi, le jugeant à mon point de vue, je lui reproche de mettre aux prises deux termes inconciliables, *liberté absolue, pouvoir absolu.*

Notre auteur aperçoit le danger : *il se peut, dit-il, que le ministère du peuple ait les plus mauvaises inten-*

tions. — Comment dès lors essaiera-t-il de l'arrêter? En lui ôtant ses armes, en lui liant les mains. Ecoutons :

» Là, dit M. de Girardin, où il n'y aurait rien à prendre,
» que pourrait-on dérober? Là où la simplification du
» gouvernement équivaut à l'abolition de l'autorité,
» quel abus de pouvoir pourrait-on craindre? De quelle
» autorité un président des États-Unis pourrait-il abu-
» ser? *Il ne dispose de rien, l'administration est locale,*
» *l'impôt faible, l'armée nulle, la liberté absolue* (1). »

Voilà donc le secret; qu'on fasse comme aux Etats-Unis. Nous sortons de l'abstrait, on le voit. — Qu'on diminue l'impôt; ce n'est peut être pas chose impossible; mais parce que le budget sera réduit d'un tiers, ou de moitié, en aura-t-on fini avec les ambitions, les prévarications et toutes les passions? — Qu'on localise l'administration, qu'on réduise l'armée; à merveille; mais si, chez nous, la centralisation, servie par une grande force publique, est un fait lentement issu de notre caractère, de nos besoins, de nos mœurs, de nos vices et de nos vertus, de notre situation en Europe; si la décentralisation, pour devenir efficace, dans le sens de M. de Girardin, ne pouvait être obtenue qu'aux dépens de notre vigueur, de notre unité, de notre influence, de notre indépendance : qui oserait la décréter? — Nous

(1) *Presse* du 11 mars 1851.

sommes en contact avec l'Allemagne à demi féodale, avec la Russie à demi barbare, nous sommes comme un animal au cerveau puissant, concentré, vivant à côté du danger, mais toujours prêt à le voir et à s'y élancer d'un bond avec toutes ses forces, et l'on nous propose de disséminer nos puissants moyens d'action, d'acquérir une de ces natures qu'on coupe facilement en tronçons, de nous faire polype. Et comme si ce n'était pas assez d'avoir porté atteinte à notre vigueur, on veut encore que nous déposions nos armes.

Si le système de M. de Girardin n'est qu'un de ces vœux comme en ont fait Platon, Fénelon, Bernardin de Saint-Pierre, on peut l'accepter sans se compromettre. On peut lui répondre : oui, nous essaierons de nous rapprocher de vous, si l'Europe se déféodalise, fait elle-même quelques pas vers notre égalité civile, vers nos libertés; si les populations, trop pressées peut-être, émigrent et laissent à ceux qui resteront plus de place, plus d'air, moins d'envie, moins de passions; si l'économie et le travail remplacent le luxe et le jeu; si l'industrie et l'agriculture se développent parallélement; si surtout la grande idée de Dieu descend dans les âmes, et permet, en limitant elle-même par la vertu toutes les volontés, toutes les libertés, de lever les lois répressives. Le principe de la liberté absolue est l'âme de la politique de M. de Girardin; c'est un noble idéal, mais c'est un idéal! Qu'on y tende, rien de mieux, qu'on fortifie les individualités, qu'on leur apprenne à moins compter sur l'État, à plus compter sur elles-mêmes, qu'on les arrache à cette mollesse coupable, qui fait qu'un grand peuple se livre à une poignée de factieux, si la police ne vient à son secours, et j'applaudirai. Mais qu'on mesure et qu'on tempère un progrès de cette sorte, qu'on tienne compte des faits, des nécessités, qu'on ne se confie pas, sous la garantie de quelques expédients ingénieux d'organisation, à cette souveraineté de l'individu, dont une haute moralité doit être la condition et le contre-poids.

44. Il est évident que ces doctrines appartiennent toutes plus ou moins, en dépit d'elles-mêmes, à l'idée gouvernementale, à la thèse; M. Proudhon seul appartient, dit-il, à l'idée négative du gouvernement, brutalement exprimée par le mot d'*an-archie*, que le réformateur économique a mis en circulation. Il s'agit de savoir comment l'*an-archie* ne deviendra pas l'*anarchie ?* Réduisons la formule à son expression la plus simple.

L'idée gouvernementale, comme le fait remarquer M. Proudhon, est intimement unie à celle de *justice distributive*, ou de justice faite à des intérêts divers, par un juge supérieur et commun, le gouvernement; l'idée *anti-gouvernementale* est étroitement liée au contraire à celle de *justice commutative*, c'est à dire à un échange libre de justice entre les hommes, ou à une réciprocité basée sur le libre contrat d'individu à individu, comme cela a lieu pour les échanges commerciaux.— D'où l'absence du gouvernement, remplacé non par le contrat de peuple à pouvoir, mais par le contrat d'échange tel qu'il vient d'être défini. — Ce contrat (c'est M. Proudhon qui parle) est l'acte par lequel l'homme et l'homme se déclarent essentiellement producteurs, et abdiquent, l'un à l'égard de l'autre, toute prétention au gouvernement.

Tel est *le régime économique et industriel*, mis à la place du régime de la justice distributive, du gouvernement et des lois. L'atmosphère sous laquelle les citoyens vont contracter, et dont ce n'est pas ici le lieu d'essayer l'analyse, s'appelle : *liquidation sociale, gratuité de la circulation, du crédit, organisation des forces économiques, création des compagnies d'ouvriers, constitution de la valeur et de la propriété.* (1) Je tremble, en voyant qu'on songe encore à fonder sur l'intérêt seul, l'harmonie des rapports sociaux ! Que m'importe cet organisme matériel. Je l'accorde, si l'on veut, en plein exercice. Après ? — Après, répond-on, il ne manque plus rien aux hommes, leurs désirs sont comblés, leurs besoins

______

(1) *Idée générale de la révolution.*

satisfaits ; c'est l'âge de la paix dans la liberté et l'égalité. — Qu'appelez-vous, dirai-je, désirs et besoins ? Tout ce qui sans doute peut être satisfait par le crédit, le travail et l'échange ? Mais ces passions tenaces et terribles, qu'on nomme orgueil, ambition, et qui se traduisent par une soif ardente de dominer, d'éclipser, d'asservir : les apaiserez-vous par le crédit ? Si cent contrats divergents, ennemis, destructifs les uns des autres, s'organisent librement au lieu d'un seul, si les plus intelligents, ou les plus criminels, contractent entre eux, au profit de leur égoïsme, de leur domination : qui maintiendra l'unité, la morale, l'ordre dans l'*an-archie* ? Et le contrat fût-il enfin fait et un, quelle sera la sanction ?

J'abrège : M. Proudhon, en énonçant les conditions de l'*an-archie*, lui porte un coup mortel. — *Trouver, dit-il, une forme de transaction, qui, ramenant à l'unité la divergence des intérêts, identifiant le bien particulier et le bien général,* EFFAÇANT L'INÉGALITÉ DE LA NATURE PAR CELLE DE L'ÉDUCATION, *résolve toutes les contradictions politiques et économiques.* (1) Effaçant l'inégalité de la nature par celle de l'éducation ! Nous savons ce que cela signifie ; le terrible égalitaire nous a maintes fois entretenu, dans ses publications, de la portée qu'il donne à cette pensée. Il ne se dissimule pas que la

(1) *Idée générale de la révolution.*

source inépuisable de l'inégalité sociale des hommes, c'est l'inégalité de leurs facultés. Aussi vous conseille-t-il de redresser la nature. Instruisez, élevez les esprits médiocres, ne faites rien, ou peu pour les autres, étouffez le génie au profit de l'égalité, passez, pour la gloire d'une utopie humaine, ce sombre niveau sur l'œuvre de Dieu. Il le faut bien ! Comment l'échange s'établirait-il à l'amiable, et subsisterait-il entre des producteurs inégaux ? La différence des valeurs personnelles appelle (M. Proudhon en convient) la justice distributive, c'est-à-dire l'*élément gouvernemental*. Il importe donc de préparer, de façonner un type d'*intelligence moyenne*, auquel on élèvera les faibles, en y abaissant les forts. Mais où sera la liberté, et qu'aurez-vous fait de la nature ? Voilà l'arrêt de mort du *contrat commutatif*.

C'est que l'*idée gouvernementale* est une vérité nécessaire, antérieure et supérieure à la volonté des personnes; c'est que le gouvernement n'est pas moins un objet de nécessité que la société elle-même. Le gouvernement, le pouvoir directeur dont nous pouvons mettre en question, comme je l'ai déjà montré, la forme, non le fond, non l'existence, possède, outre les titres que je lui ai déjà reconnus, un dernier titre de nécessité dans les inégalités et les passions des hommes. Pourquoi ? Parce qu'elles constituent inévitablement des divergences, des antagonismes, c'est-à-dire la matière pour laquelle le gouvernement est de droit, et sur laquelle il doit opérer. C'est ainsi, quelle que soit sa forme, que le gouvernement est d'ordre divin, *de droit divin*, s'il est légitime. Le changement de forme est quelquefois une route ouverte à l'humanité vers son idéal, vers l'effacement progressif, mais jamais accompli, de l'autorité. *Si les hommes étaient parfaits et tous philosophes* (Fénelon), je leur accorderais, avec Fénelon, la faculté de vivre sans gouvernement, je leur concéderais volontiers le don de *l'an-archie*. Que dis-je? C'est elle qui serait alors *de droit divin*. Mais ils sont imparfaits et seulement susceptibles de tendre incessamment vers la perfection, sans y arriver jamais : qu'y a-t-il donc à faire ? Une équation entre deux termes, entre le degré actuel de perfection d'une société, et l'idée gouvernementale que ce degré de perfection comporte. Cela ne se passe pas autrement dans la famille, type éternel de l'état de société. Le père, ce maître absolu de la société domestique, ne se voit-il pas limité peu à peu dans sa direction souveraine, à mesure que la raison confère à ses fils leurs droits à la liberté? Ce n'est pas là, comme on le prétend, l'exemplaire du despote, c'est celui du pouvoir qui se retire lentement, qui s'efface devant son œuvre, et qui expire au moment où l'œuvre se termine par l'émancipation. — L'émancipation complète de la société politique est le problème de l'infini, c'est l'asymptote.

45. Cette large part faite à la critique, je me trouve fort à mon aise pour résoudre quelques questions. — Celle-ci d'abord : que peuvent les majorités quand elles constituent ; quelle forme de gouvernement peuvent-elles établir ? Je réponds d'une manière abstraite et générale : toutes. Toutes celles qui sont compatibles avec la destination de l'homme et l'état de la société. Toutes : savez-vous pourquoi ? C'est que, quelle que soit la forme que l'on adopte, selon les circonstances, depuis la plus *autocratique* jusqu'à la plus *démocratique*, il faut toujours remettre une souveraineté réelle aux mains du délégué. Dans l'hypothèse du *Contrat social* et de l'*autonomie*, il y a une différence, non pas seulement de degré, mais de nature, entre la forme démocratique et la forme monarchique ; dans l'une, la souveraineté appartient au peuple ; elle appartient au prince, dans l'autre, ce qui va, dit-on, contre le droit éternel. Mais à mon point de vue, la souveraineté ne réside jamais que très temporairement dans le peuple, pendant qu'il constitue ; en tout autre état, elle appartient au pouvoir constitué, au délégué quel qu'il soit : assemblée, triumvirat, magistrat temporaire, ou roi (§. 35. 36). Dès-lors, il n'y a plus à discuter sur un principe fondamental, on choisit seulement entre les degrés de même nature, celui qui convient le mieux au temps, aux circonstances, aux habitudes d'un pays. Laissons les hommes dont l'aveuglement dénature la sou-

verainoté du peuple et érige en axiôme son prétendu droit de faire *tout ce qui lui plaît,* proscrire la délégation héréditaire, entre autres, comme un principe ennemi de la nature de l'homme, radicalement faux et nul de droit, le gouvernement fût-il établi et florissant; nous trouvons, quant à nous, dans la souveraineté de la raison, une pensée plus libérale et plus haute, puisqu'elle admet toutes les formes de gouvernement, et ne fait, du choix de l'une ou de l'autre, qu'une question d'opportunité. Il ne nous paraît pas moins ridicule de mettre la république au-dessus des majorités, que de mettre la monarchie absolument au-dessus des nécessités que le temps apporte avec lui;

Je me garderais par conséquent de placer, avec M. de Girardin, quoi que ce soit d'humain, fût-ce le principe du suffrage universel, au-dessus des majorités, attendu qu'à mes yeux, les majorités, jouissant de tous les droits que leur confèrent la *nécessité* et la *raison,* sont elles-mêmes, comme toute chose, subordonnées à ces termes, *nécessité, raison,* absolus et seuls absolus. Je me garderais aussi de dire avec M. de Cormenin : *la majorité est omnipotente, comment ne pourrait-elle pas rétablir le roi complet comme le roi incomplet, l'absolu, comme le relatif?* Elle n'est point, en effet, *omnipotente,* puisque les nécessités la limitent, elle n'a le droit de vouloir que ce qu'il est juste et bon de vouloir. Qu'on vouille bien m'entendre : l'omnipotence telle que la conçoit M. de Cormenin, est celle de Jean-Jacques, celle de la volonté ; or, à ce point de vue, la délégation sans condition votée par un peuple, est, il faut en convenir, de sa part une négation de lui-même, un vrai suicide moral. Quand même on répondrait que l'omnipotence virtuelle est toujours là et peut revivre par son propre effort, comme elle a pu mourir ; je demanderais encore : pourquoi mourir ? Je ne comprends un tel sacrifice que s'il est prescrit à la volonté par ce quelque chose de supérieur que j'appelle nécessité, raison. Que dis-je ? Ce sacrifice, dans ma thèse, n'existe pas, ne peut pas exister, car si une majorité peut à mes yeux constituer une délégation quelconque, même sans conditions, c'est que j'admets au-dessus d'elle et de nous, des conditions éternelles, au sens de Suarez, qui nous rendent tous nos droits contre les véritables tyrans. Voilà ma garantie, mon recours, celui de la raison souveraine ; le recours du système de la souveraineté de la volonté, n'est qu'un appel à la force, puisque vouloir est la loi de l'*autonomie*, pouvoir sa sauvegarde, et cela pour le gouvernant comme pour le gouverné.

46. Je lève une dernière objection. On prétend qu'en stipulant l'hérédité des pouvoirs nous violons le droit naturel de notre postérité que nous ne devons ni engager

ni asservir. — Je réponds : que nous pouvons agir pour la postérité comme pour nous-mêmes, comme un père pour sa famille, c'est-à-dire que nous pouvons lier nos descendants, non à la volonté d'un homme, mais à tout ce qui est convenable et bon. Sans cela, il nous serait interdit de déléguer même pour une heure, puisque la postérité naît à chaque minute, et sans nous donner mandat probablement de stipuler en son nom. Comment! Est-ce que de toute nécessité nous ne lions pas nos mineurs, par l'éducation, les mœurs, les habitudes? Est-ce que nous n'engageons pas leur avenir, en décrétant des codes, en élevant des monuments de toute espèce? Voudront-ils bien de nos coutumes, de nos lois, de notre architecture? — Mais, reprend-on, on peut refaire le code et abattre l'édifice. — Sans doute, autant que cela est ordonné par la raison. Ai-je dit que dans aucun cas la majorité ne devait toucher à la forme politique ou sociale de la communauté?

L'équivoque est dans le terme asservir. Non, nous n'asservissons pas nos enfants, si tenant compte de la nécessité des choses, nous choisissons la forme politique qui convient le mieux, qui nous mène le mieux à notre destination, cette forme fût-elle l'autocratie. Faudrait-il, en vue de la postérité, par respect pour les libertés dont elle sera digne *peut-être*, nous donner la délégation qui nous convient le moins? Ce serait sacrifier le bien réel à un espoir chimérique, et calculer fort mal, puisque l'institution actuelle du désordre est le pire des moyens de préparer l'avenir. — Cette objection : *la délégation plus tard refusera le progrès*, n'a pas de portée, puisque, quoi qu'on dise ou fasse, la délégation est de nécessité. Cette réserve : *choisissons du moins la délégation la plus limitée*, n'a pas de sens, puisqu'on n'est tenu à prendre que ce qui est relatif aux circonstances, à la justice, au bien public. Faudra-t-il, pour le prétendu bénéfice de sa postérité, qu'une société se suicide ? Si votre principe est absolu, qu'il s'applique alors partout et toujours ; sinon, laissez là ce faux principe, et ne faites pas, d'une forme gouvernementale toute relative, le droit public de l'univers.

En dernière analyse, la raison décide de tout, c'est l'unique souveraineté. Mais où est-elle ? Je l'ai dit : en matière nécessaire elle éclate ; ailleurs elle peut nous saisir ; très ordinairement elle relève de l'observation, de l'expérience, de l'induction. Or, la méthode est faite, il faut, en toute chose, l'employer pour rechercher le vrai, et se décider à agir d'après les meilleures données, les meilleures indications, comme je l'ai déjà écrit tant de fois, à nos risques et périls. Cette situation s'impose, nous l'avons vu, et nous devons l'accepter avec ses difficultés et ses chances d'erreurs, sous peine de scepticisme ou d'oubli de soi-même, d'oubli de notre activité et de nos devoirs, au profit de quelque théorie absolue et arbitraire.

Le danger des théories de cette sorte est le pire des dangers. Pourquoi? Parce qu'elles vont directement contre la nécessité des choses. Aussi de Maistre les considérait-il, non comme des fruits naturels de la faiblesse de notre entendement, mais comme des rejetons illégitimes de la perversité de notre esprit. En tout état, appelons-les au moins des excès humains. Il ne serait sans doute pas très difficile de prouver par l'histoire, que les maux qui en résultent, pour une société, sont généraux, profonds et durables entre tous.

CHAPITRE CINQUIÈME.

—

De l'exercice et des limites de la souveraineté.

47. Si la souveraineté légitime est un droit, elle a comme tout droit humain ses limites. Soit qu'elle appartienne temporairement au peuple, soit qu'elle réside dans une délégation quelconque, d'une manière plus fixe, elle a sa ligne à suivre, ses devoirs. Ses devoirs ! Ce terme comprend tout, exercice et limites; ils peuvent se résumer dans un seul : *conduire la société à sa destination.* Mais si les devoirs sont invariables, relativement au but, ils varient singulièrement en ce qui concerne les moyens d'y parvenir, selon les temps et les circonstances. L'essentiel est d'avoir une idée vraie de la destination des sociétés humaines ; le reste, comme je l'ai dit il n'y a qu'un instant, n'est qu'une question de méthode, de risques à courir, risques qui sont une des parts nécessaires de notre humanité.

La destinée sociale est en germe, nous l'avons vu, dans les facultés de l'homme, dont le développement régulier satisfait à la pensée de Dieu. Toutes doivent être tournées vers lui. Mais si l'observation de la conscience prouve que notre fin prochaine est de nous élever en moralité et en lumières, de connaître et d'aimer, elle déclare, en même temps, que nous sommes faits pour grandir avec effort, pour nous perfectionner par la lutte et le sacrifice, par l'activité, la liberté. De telle sorte, que la liberté, à titre d'instrument de mérite, de perfection, le bonheur, est l'humanité en personne, la vraie faculté centrale et constitutive de l'homme, celle qu'il importe au-dessus de tout d'exercer dans le sens de son but, qui fonde éminemment son droit.

Le droit d'agir, la liberté extérieure, est une de nos plus belles prérogatives; ce droit devient un détestable privilége, quand il nous abaisse au lieu de nous élever. C'est parce que la liberté peut nous abaisser, choisir entre le bien et le mal et mal choisir, que Dieu a rendu nécessaire avant tout l'état de famille, où l'enfant apprend à se diriger et à obéir. Il le fallait, puisqu'en raison du haut degré de perfection auquel les forces collectives peuvent atteindre, et pour d'autres motifs déjà indiqués, l'état de société politique est nécessaire à son tour, et que, en raison des passions humaines et des inégalités des hommes, cette grande famille qu'on appelle la société, doit avoir, elle aussi, nécessairement, son pouvoir directeur. Il le fallait, dis-je, afin que les hommes, incapables de se suffire à eux-mêmes dès leurs jeunes ans, apprissent à la fois l'habitude de la direction de leurs forces et du respect de toute autorité légitime.

Ceci dit, il est clair que l'exercice de la souveraineté, et ses limites, sont choses relatives à la liberté dont peuvent et doivent jouir les gouvernés, enfants dans la famille, citoyens dans l'état. Quand la souveraineté réside temporairement dans le peuple, elle est encore relative aux libertés qu'il peut prendre en présence des nécessités, c'est-à-dire, des droits de la raison. En tout état, l'étude de la liberté des hommes est celle de l'exercice et des limites, des droits et des devoirs de la souveraineté. Occupons-nous de la liberté en général.

48. On peut comprendre tous les droits, sous le nom de liberté, mais ce terme, comme le remarque Montesquieu, est plein d'équivoques ; je n'en distingue, ici, que les deux principales significations. — Les philosophes appellent liberté, le libre arbitre humain, cette faculté psychologique, cette énergie que chacun sent en soi et dont le contraire est la nécessité psychologique, qui a son type dans les lois de la raison. — Les jurisconsultes, au contraire, appliquant le terme liberté à un objet extérieur, nomment ainsi : *le droit de faire ce que nous voulons, sans pouvoir en être empêchés par le pouvoir humain.* — Cette sorte de liberté s'appelle natu-

relle dans l'homme considéré en dehors de la société, et sociale, civile, politique, légale, dans l'homme considéré comme vivant à l'état de société parfaite.

On possède la liberté psychologique sans l'autre, et réciproquement ; il y a bien des choses que notre libre arbitre nous donne le pouvoir d'accomplir, sans que nous en ayons le droit, et un fou a des droits multipliés dont son libre arbitre est incapable de faire usage. Qu'on distingue donc ces éléments de même origine, mais très différents. La loi civile est impuissante à nous enlever la faculté interne de l'âme, le franc-arbitre humain, que l'esclavage n'atteint pas ; mais elle nous enlève le droit d'en user extérieurement à notre gré, ou sans tenir compte de l'intérêt social dont elle est l'expression.

Ceux-là tombent dans une confusion dangereuse de la liberté psychologique et de la liberté politique ou légale, qui raisonnent ainsi : l'homme est un être libre, donc la presse, la tribune, l'enseignement, la circulation doivent être libres.—D'abord, quant à ce qui concerne la liberté psychologique, l'homme n'est libre, je l'ai prouvé, que dans les limites de la raison (§ 33. 34) ; il a la force, non le droit d'exercer sa liberté contre la loi éternelle ; et quant à ce qui regarde la liberté légale, il est trop clair qu'un individu attaché à une société, doit être soumis à des règlements qui limitent les libertés naturelles, et les font concourir au bien commun, sans les détourner de leur destination. Pourquoi ? Parce qu'il est bon de limiter les caprices, d'où qu'ils viennent. Les raisons que j'ai données de la nécessité du pouvoir social militent d'autant plus en faveur de la nécessité des réglements, des lois, que ces conventions servent de limites à tout le monde, gouvernants et gouvernés. De même, en effet, qu'un père, après avoir formé peu à peu les habitudes, les mœurs, ces lois de la famille, et limité ainsi les volontés particulières, est tenu lui-même de s'y conformer, de même un pouvoir politique, fût-il sans conditions, est tenu, dès qu'il a jugé quelque réglement utile, et dès qu'il l'a promulgué au nom de la raison suprême, de s'y soumettre aussi longtemps que ce réglement a force et vigueur. Voilà ce qui fait de la loi quelque chose de si haut et de si digne de respect.

Quoi qu'il en soit, on peut distinguer deux libertés politiques, l'une légitime, l'autre qui ne l'est pas, l'une que Domat définit : *le droit de faire tout ce qui n'est pas défendu par une loi juste ;* l'autre que je définirai : *le prétendu droit d'user de son libre arbitre, sans avoir égard aux lois de Dieu et de l'humanité (Autonomie).* Ce faux droit est la licence, qui peut être malheureusement écrite par les passions dans une code social. La vraie liberté doit être conforme à la définition de Domat et à ces belles paroles de Montesquieu : *la liberté ne peut con-*

sister qu'à pouvoir faire ce que l'on doit vouloir, et à n'être point contraint de faire ce que l'on ne doit point vouloir. Il résulte de ce qui précède, qu'il y aura autant de vraies et de fausses libertés, qu'il y a d'objets principaux sur lesquels le libre arbitre humain pourra s'exercer conformément ou contrairement au bien et aux lois. Sur tous ces objets, il y a droits et devoirs variables, selon les temps, et par conséquent franc arbitre, et règlement pour le limiter.

Mais, d'une part, l'homme supporte avec impatience le devoir et le joug de la loi, et l'on voit des nations aspirer sans s'en rendre compte, non-seulement à la liberté, mais à la licence. D'autre part, les souverains acceptent difficilement la contradiction, et l'on voit des pouvoirs non-seulement limiter le libre arbitre par des lois justes, mais encore gêner, entraver son exercice au delà des exigences de l'ordre et du bien publics. D'où les fausses interprétations que les peuples et les souverains, selon leurs intérêts, leurs tendances, leurs passions, leurs erreurs, donnent aux noms de liberté et de licence. Un pouvoir égoïste et ombrageux, appelle licence tout ce qui lui déplait, et répression juste l'abus de la force ou de la légalité, tandis qu'un peuple passionné, égaré, nomme liberté la pure licence dont il se fait alors un droit imaginaire. — Je dois m'efforcer de définir plus nettement l'objet de ces termes : *licence, liberté*, afin que la loi conserve son vrai caractère, et que peuples et pouvoirs aient chacun leur droit.

49. Tout ce qu'on peut dire de la liberté et de la licence, rentre dans cette formule générale, dans ce principe abstrait : *chaque citoyen a le droit de faire tout ce qui n'est pas contraire aux lois divines et humaines, nécessaires au bien et à l'ordre publics.* Il n'y a, en effet, que l'intérêt du bien commun et de l'ordre, ce bien par excellence, ce premier besoin social, qui puisse, après les lois éternelles, limiter les libertés de la famille et du citoyen. Restreindre ces libertés, dans l'intérêt des gouvernants et de leurs favoris, est injustice et tyrannie. La loi éternelle du bien public, qui limite les droits des gouvernés, s'oppose à l'empiétement des pouvoirs. C'est qu'une liberté sage, mesurée, est indispensable à la prospérité des états. Lorsqu'on s'exprime ainsi : *tout homme a le droit de faire ce qui n'est pas défendu par une loi juste ;* on abonde évidemment dans mon sens ; mais on nedit pas, comme je viens de l'écrire : *que pour qu'une loi soit juste, il faut qu'elle favorise le bien commun.* Voilà le *criterium* abstrait de toutes les lois. — Le croirait-on, certains esprits, entrainés par un amour mal entendu de la légalité, suppriment le mot de *justice*, en affirmant *que nous avons seulement le droit de faire ce qui n'est pas contre la loi.* Saint Thomas et

les théoriciens de son école, font cependant remarquer avec une haute sagesse, d'abord : *que tout ordre légal actuel n'est pas de lui même obligatoire* ; ensuite ; *que c'est aux plus dignes, aux plus capables à en juger* (1). Je me fie à ce conseil, et j'insiste sur le second terme : aux capables, en effet, en vertu du droit de raison, il appartient de décider si la loi est juste, et si, fût-elle injuste, le principe supérieur du bien public n'ordonne pas provisoirement d'y obéir ? — Mais il faut rechercher quels sont les capables ? Point fort obscur, fort délicat, qu'il m'importe d'éclaircir, autant que possible, au moins d'une manière générale. Levons d'abord quelques difficultés.

Les mêmes hommes, dont j'ai parlé, et qui, au nom de la liberté évangélique, contestent la nécessité des pouvoirs publics, nous demandent encore : Pourquoi des lois ? N'avons-nous pas l'évangile, ce code par excellence de l'humanité ? (2) Je réponds : l'avez-vous tous dans le cœur, comme dans les mains ? Êtes-vous tous prêts à pardonner l'injure, et à ne jamais garder le superflu, à substituer l'humilité à l'orgueil, l'amour à la haine, le désintéressement à l'envie, le travail à la paresse, la raison à la volonté ? Êtes-vous tous chrétiens en esprit et en vérité ? Non : Laissez donc alors la sagesse humaine

(1) *Somme théologique.*
(2) Voy. Bossuet, *variations, et contre Basnages.*

ne pas confier à vos volontés défaillantes, mais aux lois, le soin de sauvegarder la justice et l'harmonie des rapports sociaux.

D'autres, plus altiers, protestent, nous l'avons vu, contre les pouvoirs et contre les lois civiles, au nom de la nature, du droit inaliénable de la volonté, de l'impossibilité où nous sommes de trouver un temps d'arrêt dans les degrés divers de la *thèse gouvernementale*, et de l'avantage enfin qu'il y aurait à remplacer le gouvernement tel qu'on l'entend d'ordinaire, par le contrat libre d'homme à homme, par le contrat commutatif, par l'échange. J'ai mis à nu déjà le vice de leurs principes qui me rappellent ces lignes de Fénelon: « L'amour » propre déréglé a rendu l'homme capable de deux » passions inconnues même aux animaux, l'ambition » et l'avarice, d'un désir insatiable de s'approprier les » biens dont il n'a pas besoin pour sa conservation, et » de s'attribuer une supériorité que la nature ne lui » donne pas. A regarder l'humanité ainsi aveuglée, on » ne voit dans les hommes qu'une liberté sauvage, où » chacun veut tout prétendre et tout contester, où la » raison ne peut rien, parce que chacun appelle raison » la passion qui l'anime, où il n'y a ni propriété, ni » domaine, ni droit, si ce n'est celui du plus fort: et » chacun peut le devenir à son tour. » (1) On ne fait

(1) *Essai sur le gouvernement civil.*

pas mieux éclater la nécessité des pouvoirs sociaux et des lois civiles.

Il y a des objections plus spécieuses, si non plus sérieuses que celles dont je viens de faire justice. Je les rencontre sur un terrain déterminé et très-disputé, celui de la liberté de penser sous toutes ses formes, parole, presse, enseignement. Il faut y regarder ; d'autant que tout ce qu'on peut dire de ces choses en particulier, rentre dans le débat général relatif à l'exercice et aux limites de la liberté.

50. Relativement à ces droits extérieurs, les partisans d'une liberté absolue, voulant montrer que toute loi de répression est arbitraire, illusoire, sans résultat, sans but, s'expriment ainsi : « Ouvrez l'histoire, ouvrez le recueil des lois de répression, vous y verrez les plus monstrueux abus, depuis les sorciers brûlés, pour avoir évoqué le démon par de criminelles paroles, jusqu'à l'imprimerie assimilée à la sorcellerie, depuis l'inquisition jusqu'aux censeurs ; vous y verrez contradictions sur contradictions, folies sur folies, les délits changer de nom et de nature, avec les caprices et les intérêts des tyrans. En effet, les intérêts de ceux-ci ont toujours été la mesure des crimes imaginaires de la pensée humaine, le juge impitoyable de ses prétendus forfaits.

Aussi, ce qu'on exalte en tel lieu, on le proscrit ailleurs; l'absurde et l'odieux sont aux prises dans le code de la répression, à tel point que pour ne pas rire de tant de ridicule, il faut avoir à frémir de tant de cruauté. Spectacle étrange! et fait pour dégoûter à jamais des tentatives contre la pensée; en dépit des bûchers, des bourreaux, des censeurs, l'idée passe, grandit, fait son chemin, quand elle est juste, et s'évanouit bientôt lorsqu'elle n'est qu'un essai de l'erreur et du mal. L'esprit humain ne manque jamais de recueillir la vérité, et d'accabler tôt ou tard le mensonge. Or, qui donc aurait le droit de se mettre à la place de ce juge infaillible, de lui faire sa part, de lui dicter ses arrêts? Personne; car il a montré jusqu'à ce jour, qu'il cassait à plaisir les menus jugements de la sottise et de l'incompétence, s'avisant de blâmer et de réprimer la pensée en son nom. » (1) On poursuit : « Liberté absolue, ou compression absolue; entre ces extrêmes il n'y a pas de place assignable logiquement. Où s'arrêter dans la compression comme dans la tolérance? Nul ne peut le dire; aussi voyez flotter à tout vent de colère, de fantaisie, ou de peur, les décrets inconséquents et inconstants de législateurs qu'aucuns principes ne peuvent guider. A quoi servent des lois que la logique renie et

(1) *Presse* de 1850.

qui n'arrêtent pas le mal? Un crime évident, défini, un vrai crime, on le proscrit absolument ; on proscrit le vol, le meurtre, le viol... mais la pensée ! Comment la saisir ? Le droit de tout dire, n'est jamais qu'une question de forme, le droit de tout faire, est toujours une question de fond. Punissez l'articulation précise, et aussitôt l'insinuation prend sa place, et ainsi de suite. Il faut donc en venir aux derniers excès de l'inquisition, à une atrocité absurde, ou à la tolérance absolue des idées, des paroles, des écrits. D'autant que la pensée limite la pensée, que la vérité fait contrepoids à l'erreur, que l'opinion publique enfin ne venge pas moins la réputation calomniée, que la justice méconnue et le bien social outragé. » (1) Je ne laisserai pas derrière moi de pareilles objections.

51. Sans être disposé, tant s'en faut, à absoudre le recueil des lois répressives, à méconnaître ses erreurs et ses abominables excès, puis-je n'y voir que des formules dangereuses et inutiles ? Parce que la répression a eu ses fautes, ses inconséquences, ses forfaits, faut-il en nier le principe et l'efficacité ? Parce que la justice a été souvent mal rendue, faut-il s'écrier plus de juge et plus de tribunal ? Mais avec ce procédé du scepticisme,

(1) *Presse* de 1850.

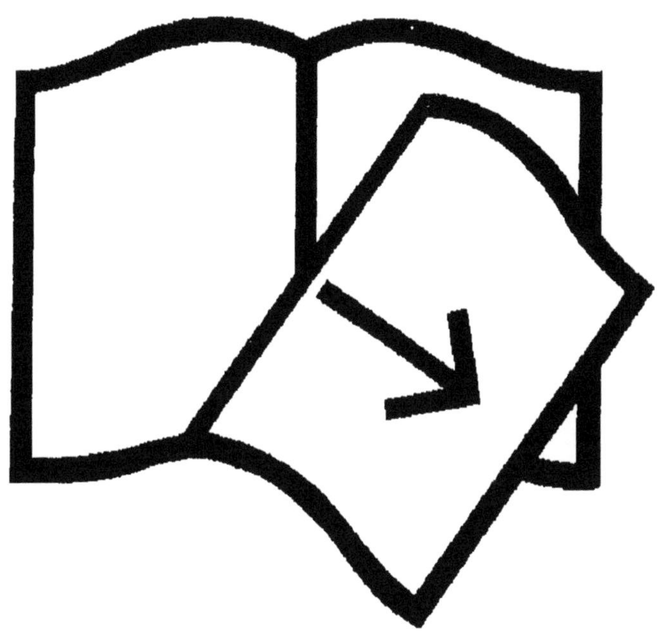

Documents manquants (pages, cahiers...)
NF Z 43-120-13

vérité et de l'erreur, c'est l'humanité dans le temps, au prix de ses revers et de ses larmes. La différence est manifeste. L'humanité se corrige d'elle-même en progressant vers le vrai, à travers les siècles, sous le souffle de Dieu, tandis qu'au-dessus du jugement du moment, relatif, passionné, aveuglé parfois, il y a un juge, la sagesse du pouvoir légitime et des hommes compétents. J'ai affirmé leur droit, je l'ai prouvé même en principe, car il n'est autre que le droit de la raison; j'en chercherai du reste attentivement le signe avant de clore ce dernier chapitre.

On nous pose ce dilemme : *liberté absolue, ou compression absolue ;* attendu qu'il est impossible de dire où l'on doit s'arrêter dans la tolérance comme dans la compression. — C'est par trop abuser de la logique ! Je répondrai : *propriété absolue, ou communisme absolu ;* propriété absolue, sans nul égard à l'utilité publique, ou communisme absolu, sans nul égard aux réclamations de l'individualité, de la liberté. Pourquoi pas? L'histoire des lois sur la propriété, comme celle des lois sur la liberté de penser, se contredit à chaque page, et il est d'ailleurs impossible de fournir le *criterium* de l'utilité publique et de l'opportunité de l'expropriation. Dilemme pour dilemme : ce ne sont là que jeux de dialectique dont Zénon sourirait.

On demande où doit s'arrêter la tolérance et commencer la compression ? — C'est selon les cas.— Je fais remarquer que pour ce qui regarde chaque objet de la vie pratique, dans nos antagonismes privés, par exemple, il est impossible de déterminer d'avance, d'une manière exacte, où finit le bien, où commence le mal ? Faut-il à cause de cela, s'abstenir de choisir, se jeter dans le scepticisme, ou choisir en vertu de quelque système absolu ? Non : et cependant dans la vie, comme partout, le point convenable, le moyen-terme dépendent de mille conditions. — Comment les apprécier? — Je l'ai déclaré et montré, l'observation, l'induction, le tact, cette délicatesse dans la comparaison des nuances, peuvent seuls nous guider, comme ils nous guident en médecine et dans toute science conjecturale, en morale pratique particulièrement. Pour venir en aide à cette méthode, j'énonce de nouveau la règle générale relative à la liberté civile : *Chaque citoyen a droit à autant de liberté que le comportent l'ordre et le bien publics.* — Ne prononcez pas ce mot de règle, reprend-on, la règle, c'est le caprice des pouvoirs ! — Cette exagération n'attaque après tout que la volonté des pouvoirs, de certains pouvoirs, non la faculté qu'ils ont de bien faire, de bien choisir. — Mais, reprend-on enfin, la loi de répression n'arrête pas le mal. — L'histoire de tous les temps prouve le contraire. Dites qu'elle n'arrête pas le bien, voulût-elle l'arrêter.

Nos adversaires raisonnent ainsi : *le faire* est une question de fond, tandis que *le dire* est une question de forme ; on saisit le vol, c'est un fait, non la pensée, plus souple, plus subtile que le Protée de l'antiquité.— Comment ! répondrai-je, dire dans un lieu public, ou écrire, je vous accuse d'avoir prévariqué, volé, conspiré, trahi la patrie, ou l'honneur, n'est pas un fait aussi clair, aussi déterminé, que celui de soustraire une bourse? Lorsque je compare l'insulteur public au voleur, je vois bien que le premier, frappé par la loi, procède désormais avec plus de prudence, par insinuation, réticence, interrogation ; mais je vois l'autre abandonner l'effraction pour l'usure, l'usure pour le trafic de mauvais aloi, et ainsi de suite. De telle façon que, si la calomnie, l'injure, l'appel à la révolte ne sont que des questions de forme, le vol n'est qu'une question de ruse, de savoir faire, d'habileté. D'où il suit, que la perversité humaine, en toute chose, a des moyens multipliés de faire le mal et d'éluder les lois. Faut-il, à cause de cela, l'épargner, quand on la saisit au grand jour, dérobant sur la voie publique, injuriant, calomniant, excitant à découvert?

Ni liberté absolue, ni compression absolue, car un de ces termes va jusqu'aux derniers excès de la licence, l'autre jusqu'aux derniers excès de l'inquisition. L'absurde et l'odieux de ces extrêmes, nous ramènent à la vérité, à une liberté relative aux conditions de l'époque et du moment. Que ceux qui en ont le droit apprécient ces conditions à leurs risques et périls ; le poids même des choses et de l'opinion ne leur laissera que rarement franchir certaines limites. — Si l'on me répond que cette sorte d'appréciation est chose impossible, alors il faut cesser de vivre, car elle est notre lot à tous, et de tous les instants. D'ailleurs on n'a nullement prouvé cette impossibilité.

Je prie en définitive certains logiciens de me dire si leur principe de liberté absolue est absolu ? S'il l'est, qu'on l'applique partout et à toute époque, au moyen-âge ou en Russie, au Maroc ou à Rome du temps des Césars, au risque de renverser la société ; s'il ne l'est pas, nous n'avons affaire qu'à un précepte général qui relève de l'opportunité. Or, l'opportunité, qu'est-ce ? C'est précisément cet ensemble de conditions du moment qu'on nous dit indéterminables. — Choisissez donc entre l'absurde, *l'application universelle de la liberté absolue*, et ce que vous appelez une impossibilité, savoir, *la fixation de la convenance de cette application*. Voilà le vrai dilemme : car je ne suppose pas qu'il faille sérieusement parler de compression absolue ?

Je termine cette trop longue critique de détail ? On ne cesse de répéter, à propos de la liberté de dire ou d'écrire, que la pensée du bien, compense, neutralise la pensée du mal. — Erreur et oubli d'une distinction capitale. — Si l'expression du bien neutralise celle du mal, c'est dans les siècles et non dans les moments. Qu'on ne confonde pas ces termes. Le moment a ses dangers pressants, et demande des secours. Qu'on y pense; la vie elle aussi l'emporte sur la mort dans les siècles, puisque la race humaine s'accroît; est-ce à dire qu'il ne faille pas tenter d'abréger le moment de l'épidémie, comme celui de l'erreur? Presque toujours, dans le moment, l'erreur a l'avantage, parce que l'homme avant d'être raison est instinct, émotion, ignorance, passion; parce que l'erreur parle le langage de la passion et de l'intérêt prochain; parce qu'enfin le sophisme véhément a tout d'abord plus d'empire sur la foule, que la vérité austère. Le faux, toujours mêlé au vrai, prend, dans l'instant, une apparence de vérité, quelquefois de simplicité, qui séduit.

53. J'essaierai mes principes, c'est le meilleur moyen d'en faire toucher au doigt, pour ainsi dire, la vérité; je les appliquerai à une question délicate et passionnée de sa nature, celle des libertés religieuses.

La liberté de conscience est de toutes la plus chère, la plus sainte, puisqu'elle intéresse nos rapports avec Dieu; elle fut souvent marchandée, contestée, mais toujours réclamée avec ardeur, défendue avec héroïsme; la place qu'elle occupe dans l'histoire et le sang qu'elle a fait couler, montrent quel est son prix. — Peut-elle être restreinte? — En tant que liberté psychologique, non; en tant que liberté extérieure, ou légale, oui, dans une certaine mesure qui varie. Vouloir la restreindre par des lois positives, à l'état psychologique, serait violer un sanctuaire sacré, impénétrable, car nul ne peut que soupçonner ce qui se passe dans un esprit, et nul, excepté Dieu, n'a le droit de lui en demander impérativement compte. Mais, quand il s'agit de sentiments religieux, comment ne pas manifester sa pensée par le culte, ou autrement? D'où cette question : la société, en vue du bien et de l'ordre publics, a-t-elle le droit de restreindre par des lois les manifestations de la liberté de conscience? Je réponds oui, sans hésiter.

En effet, les partisans les plus déclarés de la liberté absolue, immoleraient demain leurs principes, si une secte religieuse prétendait nous ramener aux sacrifices de Vénus impudique, ou au culte sanglant de nos aïeux. Ils mettraient les droits éternels de la pudeur et de l'humanité au-dessus du prétendu droit des sectaires. Laissons donc là, pour n'y plus revenir, la logique de l'absolu. — Ce n'est pas tout d'adresser des questions à la nature de l'homme, il faut encore en adresser aux faits, à la nécessité. Sachons comprendre la pensée, les scrupules d'une époque de foi, nous pénétrer du vif sentiment d'un peuple exalté dans sa religion, jaloux du culte qu'il professe, inquiet de tout ce qui pourrait l'offenser ou le troubler, armé de mépris pour la tiédeur, de haine pour l'hérésie, de passions que les lumières, les frottements, l'expérience des choses ne parviennent pas encore à adoucir. Sachons, dis-je, supposer ce que doit être la législation d'une pareille société, une dans sa foi, gardienne vigilante de ses coutumes, vivant avec confiance dans des idées dont le dépôt est confié à un sacerdoce qui reflète l'état des esprits, et l'exalte. Sans doute, le code dont il s'agit contiendra les moyens de conserver l'unité de croyance, à laquelle se rattache le bonheur public et la paix des citoyens. L'ordre en dépend, je puis bien le croire ; l'apparition de l'infidélité ferait trembler le sol : la loi peut, la loi doit ordonner la répression. Il y a, de nécessité, dans l'hypothèse, une religion d'État.

Certes je souhaiterais à ce peuple un esprit différent de celui qui le guide, l'esprit de tolérance, de support ; non de cette tolérance sceptique qui contient un germe de désorganisation, mais l'esprit de vie, de charité, de saint François de Sales, inspiré par l'humilité, l'amour, et par l'espoir du changement des cœurs. — Mais je rentre dans mon hypothèse. Le peuple dont je viens de parler, n'en est pas encore venu, tant s'en faut, à une charité si douce : que feront donc les pouvoirs publics ? Ils s'efforceront de concilier, autant que possible, la nécessité et l'humanité, ils pourront parler ainsi : que ceux qui n'adorent pas notre Dieu, n'en adorent pas d'autre devant nous, qu'ils ne tentent pas les passions de notre peuple ; nous ne fouillons point dans les consciences, mais nous mettons à part quiconque pourrait inquiéter notre paix par un culte extérieur étranger ; nous ne persécutons pas, nous éloignons avec calme un danger qui menacerait immédiatement l'ordre, c'est à dire le bien suprême, et ceux-là surtout, probablement, qui considèrent comme excessive notre sévérité nécessaire. Vous dont la conscience diffère de la nôtre, votre devoir est relatif à notre droit, ce devoir est d'immoler, dans une mesure juste, votre bien particulier au bien général, et dans tous les cas, d'obéir à la loi, qui est légitime puis qu'elle favorise l'ordre et le bien publics. —Que répondre, et à quel titre refuser d'obéir ?

Est-ce à dire qu'un tel langage soit le dernier mot d'un pouvoir placé dans de telles conditions ? Non : tout en accordant ce qu'il est bon d'accorder à la paix, au fait, à ce courant irrésistible qu'on nomme l'opinion, le pouvoir doit peser sur les mœurs pour les adoucir, et, aux premiers éclairs de la raison, aux premiers symptômes favorables, introduire la tolérance dans l'administration, puis dans les lois et leur usage. C'est ainsi qu'on tient compte de la nécessité et de la vérité. —Que viens-je de faire ? Mais simplement de mettre en action ce principe excellent : les citoyens doivent avoir autant de liberté que le comportent l'ordre et le bien publics.

54. La scène change, des causes multipliées ont agi sur les esprits, sur les mœurs, modifié les idées, les sentiments ; la tolérance apparait dans les habitudes de tous, dans les convictions philosophiques d'un très grand nombre ; différentes religions vivent en paix sous l'abri protecteur d'une loi d'égalité. Cela est le fruit de luttes terribles, d'un travail long et douloureux. — L'État qu'est-il ? — Athée ? — Non certes. — Qu'est-il donc ? puis qu'il n'y a pas, chez ce peuple, de religion d'État. — Il est tout simplement le gardien de la raison. Il ne commet pas à coup sûr cette faute grave, de dire, explicitement ou implicitement : *tous les cultes sont également bons ;* mais il parle ainsi : le bien, l'ordre publics, concordant en cela avec la conscience publique, ordonnent que tous les cultes vivent en paix et dans l'égalité devant les lois. — Est-ce que cette paix, réclamée par la voix de l'État, n'est pas la première volonté de Dieu, le premier besoin de la société ? Est-ce que la loi qui fonde et maintient cette paix, n'est pas, selon l'expression de saint Thomas : *un règlement dicté par la sagesse, ayant pour but le bien commun ?* Ne dites pas, voilà la loi de l'indifférence et de l'incrédulité, car

ollo manifesto un principe supérieur à tout autre, un principe de vie sociale et véritablement divin. Qu'est-ce en définitive que l'Etat; sinon la réunion des citoyens? Et qu'est-ce que cette réunion, sous l'œil de Dieu; sinon leur concorde, leur amour réciproque, leur unité? La religion de l'Etat, alors, c'est cette unité même, qui est un progrès considérable vers Dieu, cette unité pacifique pour laquelle les gouvernements doivent être tour à tour, selon les temps et les circonstances, la personnification, aussi modérée que possible, de l'intolérance publique, ou celle, toujours vigilante, de la tolérance et de la liberté mesurées. — Un gouvernement sage s'efforce de maintenir les mœurs et les lois qui favorisent la liberté de conscience, sans cesser d'incliner les esprits vers l'idée religieuse qui lui paraît, plus que toute autre, conforme au génie de la patrie, plus que toute autre, favorable au développement de ses forces morales et spirituelles, en un mot, de sa civilisation.

Toutes les libertés obéissent à ces principes : les libertés de la presse, de la parole, de l'éducation, si difficiles à régler. Le dirai-je? Ces principes dominent la question ardue et séculaire des rapports de l'Eglise et de l'Etat. — Mais si j'ai cru devoir, pour éclaircir mes raisonnements, traiter très sommairement de la liberté de conscience, il m'est interdit d'aborder, quant à présent, des problèmes spéciaux, et qui exigeraient de trop longs développements.

En résumé, tous les droits sont limités, psychologiquement, par la loi éternelle de la conscience, et c'est là la vivante restriction, la divine répression qui assure à toute autre sa légitimité, son efficacité. C'est cette loi intérieure, lorsque son règne devient une coutume de l'esprit, qui s'appelle vertu ; c'est elle qui parfois, sous certains souffles mystérieux et sublimes, se transforme en habitude de dévouement. Espérez tout par elle, par la vertu ; sans elle n'espérez rien de durable, de sérieux, des lois, ni de la contrainte. Fortifiez le côté passif de l'entendement humain, c'est là sa base ; fortifiez aussi ce pouvoir intérieur que le passif incline, sans le contraindre, fortifiez la volonté. La vertu rendra la juste soumission facile, et, jointe à la volonté, fera l'action énergique et constante dans ses desseins. Volonté, vertu, tout est là ; nous verrons, dans un instant, que ce sont encore des signes, au moyen desquels on peut constater, plus ou moins heureusement, la présence du droit.

55. Ceci dit, en général, de la liberté, ou, ce qui revient au même, de l'exercice et des limites du pouvoir, il faut envisager la question sous un nouvel aspect. La vraie difficulté, le point capital, c'est de trouver, s'il

existe, le *criterium* de la part de liberté dont chacun doit jouir, gouvernant et gouverné, la mesure équitable de ce qui lui est dû. Pour y parvenir, je chercherai comment le sentiment, puis l'idée du droit naissent dans la conscience de l'homme, comment ils s'y développent, de quelles manières ils aspirent à se manifester, à quel signe enfin on reconnaît la légitimité de leurs aspirations, de leurs réclamations? Il y a bien des questions sous ces questions et bien des difficultés à résoudre. Pour mieux dégager l'élément psychologique, principe de tous les phénomènes humains, par conséquent de tous les phénomènes sociaux, je reprends l'observation du gouvernement paternel.

Le père, d'abord, est un chef absolu ; il le faut bien, vu la faiblesse insigne du gouverné. Mais le fils grandit et sent croître en lui-même une énergie intérieure dont le besoin impérieux est de se développer, d'agir spontanément, de choisir. — On l'arrête, ou mieux on la modère, par crainte d'un écart fatal. — Cependant, plus l'enfant va, plus il devient hardi, impatient du joug, difficile à maintenir, à diriger. — On ne l'arrête déjà plus sans résistance ; ses volontés prennent un tel caractère de ténacité et de vigueur, qu'on juge utile et bon de relâcher quelque peu les liens. — C'est une première période ; l'individu aspire spontanément à l'indépendance, mais sans affirmer encore son droit à l'obtenir.

Il suit ses caprices, résiste à la paternité, mais sans croire à un droit de résistance, et en avouant même par ses pleurs et par des pardons cent fois demandés et obtenus, que le droit n'est pas de son côté. — Bientôt commence une évolution nouvelle, la volonté prend de la consistance, de la suite, de la décision, à mesure que l'esprit acquiert de la réflexion. Le sentiment d'un droit obtenu par le développement de l'intelligence, par la capacité, le sentiment, dis-je, d'un droit de raison, relève la personne à ses propres yeux ; ce sentiment se détermine de plus en plus, et finit par devenir une idée, une certitude, *la foi en soi-même*, la conscience du droit à l'émancipation. Si le père abonde trop et trop tôt dans le sens de l'indépendance du fils, il se trompe, il y a danger ; si au contraire il appesantit trop et trop longtemps sa main sur le gouverné, il y a lutte, conflit, émancipation par la révolte, et toute la série de fautes et de malheurs qui suit ordinairement cette coupable émancipation. Je me demande où se trouvera l'indication de céder ; où se rencontrera celle de résister ?

C'est sans doute là une question d'expérience, que l'induction, et le tact qui en relève, peuvent et doivent résoudre : mais pour arriver à cette fin, sur quoi l'attention doit elle porter ? — D'abord, sur le rapport de l'objet auquel l'individu aspire, avec son développement physique et moral : il ne doit pas y avoir évidemment entre ces deux éléments une disproportion trop forte. Ensuite, sur l'intensité de la persistance du désir. Enfin, ce qui est plus grave, sur le caractère passager ou profond, superficiel ou taciturne, du chagrin que peut laisser après elle la compression. Soyez-en assurés, si la disproportion indiquée existe, si le désir est fugace, la répression efficace est facile à oublier, la volonté changeante, quelle que soit sa vivacité, il est bon de ne rendre que sobrement la main. Si le contraire a lieu et se fortifie du sentiment, puis de l'idée du droit, qu'on fasse la part qui lui appartient à la personnalité humaine, il en est temps. Mais, en pareille matière, il y a de l'obscur, de l'indéterminé ; il s'agit de choses morales, d'éléments qui ne se traitent pas comme ceux du chimiste, ou du physicien. Aussi, le père a-t-il à sa disposition le tâtonnement prudent, et ne peut-il se flatter enfin, quelle que soit sa connaissance des indications, d'éviter l'erreur. Qu'il choisisse, il le faut bien, toutes précautions prises, dût-il se tromper ! C'est là la part de l'homme ; là où la règle absolue, je veux dire le signe catégorique n'existe pas, il ne faut pas y prétendre.

56. L'humanité, elle aussi, a son enfance et son développement, de tout point conformes au type que je viens d'esquisser. Les premiers gouvernements, quel que soit leur mode de formation, sont presque invariablement

absolus. Les hommes vivent longtemps sous cette tutelle,
eux-aussi parfois impatients du joug, essayant de s'y
soustraire, mais sans avoir encore la conviction, ni
même le sentiment de la légitimité d'un pareil effort.
Aussi, dans ces temps, leurs résistances sont-elles, à
proprement parler, des révoltes. Qu'on y prenne garde ;
la révolte, le coup de poignard, sont de tous les
temps ; mais non la résistance légitime, se sachant ou
se croyant légitime, non l'insurrection. Celle-ci suppose
l'idée, ou tout au moins le sentiment d'un droit. La
révolte produit des vengeurs, des assassins ; la résistance, l'insurrection, si elle est légitime, enfante seule,
par la vertu de la conscience du droit, des héros, des
martyrs. C'est pour cela que, selon leurs différents points
de vue, les uns, les pouvoirs, appellent généralement
l'insurrection révolte ; les autres, les peuples, la révolte
insurrection. — Quoiqu'il en soit, le sentiment, puis
l'idée du droit, caractérisent un âge de raison de l'humanité, ou du moins une tendance prononcée vers l'âge
de raison, de réflexion. Les Jacques brûlent les châ-
teaux, ils ne se croient pas les égaux des seigneurs, ils
ne les appellent pas en duel ; les boyards russes étran-
glent tel czar, ils ne s'insurgent pas contre l'autorité de
l'empereur ; un esclave antique empoisonne son maître,
sans avoir mis un instant en question la légitimité du
droit des maîtres ; le droit n'a rien à voir à tous ces

actes, à tous ces excès.— Mais, pendant que la plupart des peuples anciens vivent dans cet esprit, acceptant le pouvoir d'un chef, prêtre, roi ou législateur, d'une famille, d'une caste, Athènes grandit et réclame le droit des hommes libres; les plébéiens romains réclament le droit au mariage, aux charges, au sacerdoce; nos bourgeois du douzième siècle, obtiennent la franchise des communes, le port d'arme pour défendre leurs murs, la taxe délibérée entre eux, l'élection des magis·trats, le droit de paix, le droit de guerre, une véritable souveraineté communale enfin. Puis, dans un ordre différent, les protestants réclament la libre interprétation de l'Evangile. Voilà l'idée du droit, vraie ou fausse, exagérée ou légitime, dans les cœurs, dans les esprits, dans les faits.

Je vois donc des groupes d'hommes qui sollicitent une limite au pouvoir, qui demandent leur part aux affaires publiques, qui pensent à l'intérêt collectif, qui font un pas vers l'idéal. Quel est le premier symptôme de ce fait? *C'est la foi qu'ils ont en eux-mêmes.* Quel est le second? *C'est le martyre sans résistance, l'héroïsme passif, puis la lutte, l'héroisme actif.* — Mais comment distinguer la foi en soi-même, sainte et sérieuse, des illusions, des passions, et de tous les fanatismes de l'esprit? Comment séparer les martyrs de l'erreur, de ceux de la vérité? Point de *criterium* infaillible, pas plus que lorsqu'il s'agissait de l'émancipation de l'enfant dans la famille, et encore moins, car l'objet de l'observation est ici tout autrement complexe. Il n'y a pas, non plus, pour éviter un jugement difficile, périlleux, à prendre quelque parti extrême, à proclamer, par exemple, le droit sans limite des peuples ou des pouvoirs. Non : il faut, de nécessité, en pratique, au risque de se tromper, distinguer le vrai droit du faux droit, l'aspiration légitime de celle qui ne l'est pas, d'après de certaines données, et en vertu de l'induction, ayant l'essai, le tâtonnement à son service. — Quoiqu'il en soit, sommes-nous donc sans une règle générale? Je ne le pense pas, et il me semble que les préceptes suivants sont de nature à éclairer nos jugements et à rassurer nos déterminations.

L'IDÉE DU DROIT, DIRAI-JE, EST GÉNÉRALEMENT LÉGITIME, QUEL QUE SOIT SON OBJET, QUAND LE GROUPE OU ELLE SE MANIFESTE EST MORALEMENT ET INTELLECTUELLEMENT AU NIVEAU DE L'IDÉE QUI LE PRÉOCCUPE ; QUAND CE GROUPE D'UNE IMPORTANCE RÉELLE DANS L'ÉTAT VA GROSSISSANT ; QUAND IL PERSISTE INVARIABLEMENT, OPINIATREMENT, DANS UNE SEULE ET MÊME PENSÉE ; QUAND ENFIN, PÉNÉTRÉ DE FOI EN LUI-MÊME, IL EST PRÊT AU MARTYRE D'ABORD, A LA LUTTE ENSUITE, ET QU'IL AJOUTE A SA FOI, A SA PERSISTANCE ET AU MARTYRE : LA VERTU. — N'est-ce pas à de pareils traits qu'on reconnaît la légitimité de la révolution par excellence, de la révolution chrétienne au milieu du paganisme surpris et débordé?

Je ne prétends pas, à Dieu ne plaise, que sans la réunion de tous ces signes, le droit ne puisse être manifesté ; je ne prétends pas davantage que, réunis, ils le manifestent irréfragablement : je veux établir seulement qu'en général ils le supposent. La haute et délicate mission des pouvoirs publics, est de les consulter, et de décider, d'après la manière dont ils se produisent et se groupent entre eux, comme d'après mille nuances qu'il ne m'appartient pas d'indiquer, de décider, dis-je, de la légitimité des exigences, et enfin du parti qu'il convient d'adopter. Mais aussi, pour une responsabilité si périlleuse, si noble devant l'histoire, si considérable devant Dieu, la récompense des pouvoirs est d'avoir droit au respect, à l'obéissance des hommes, à leur reconnaissance, à leur amour.

Les juges de droit ou de fait des questions politiques, doivent pressentir les vrais besoins, et les devancer; pressentir surtout le martyre, et ne pas lui donner l'occasion de paraître. Ce serait là le fait d'un très-haut degré d'intelligence gouvernementale. Une sagesse plus ordinaire et suffisamment éclairée par l'apparition du martyre, entre autres signes, n'attendrait pas du moins l'instant de la lutte, ou chercherait dans le triomphe même, un moyen honorable de céder, comme firent les Romains dans la guerre sociale. Un aveuglement incurable n'est éclairé que par la défaite, ou, ce qui pis est, tombe sans être éclairé.

La foi en un principe, en une idée, la foi qui s'éveille d'elle-même dans une portion d'une société, est invincible, si elle est légitime. Ajournez, retardez, faites mûrir le vœu, le désir, le besoin, le droit, multipliez devant lui, qu'on me pardonne ce langage, les portes à ouvrir, mais ne les condamnez pas, il les renverserait, en ébranlant l'édifice tout entier. — La grande difficulté est de distinguer le factice du réel, la foi fausse surexcitée par les partis, soufflée par les ambitions, de la foi vraie; de séparer les idées des passions, les croyants des factieux, le mot vide et sonore, ce drapeau de l'intrigue et de l'envie, du cri de l'âme et de la sainte expression du droit. J'honore et je plains ceux qui ont à pénétrer ce secret; secret terrible, puisque le Sphinx populaire dévore quiconque échoue à le deviner. Malheur aux nations, quand le factice, l'aspiration menteuse et inopportune, la passion se croyant la foi elle-même, ou se donnant pour telle, rencontrent sur leur chemin quelque besoin réel méconnu, repoussé; les partis s'en font un prétexte, un moyen d'action d'autant plus funestes, qu'ils renversent sans rien fonder, comme si Dieu voulait punir du même coup l'impéritie des chefs et les passions des hommes.— Le pouvoir est aux mains des plus dignes, lorsqu'il a l'habileté de ne jamais laisser de pareilles armes à la portée des haines et des ambitions.

57. La foi vraie, après avoir obtenu ses premières garanties par des règlements, des traités, des lois, ne cesse guère de convoiter l'idéal. Mais comme cet idéal, la liberté absolue, n'est qu'une étoile, force est de se satisfaire par des *moyens termes*, qui seront autant de limites imposées aux pouvoirs, ou acceptées par eux. — La satisfaction de cette sorte la plus ordinaire, est l'accession graduée des citoyens aux affaires de l'État. On voit des groupes d'hommes de plus en plus nombreux prétendre déléguer, se faire représenter, traiter médiatement de leurs droits, de leurs intérêts, et user enfin, pour conférer le mandat, du seul moyen pacifique de terminer les disputes, *le suffrage*; le suffrage, la loi du nombre, que les délégués de ces groupes invoqueront à leur tour, pour clore les délibérations. — Je l'ai déjà écrit, si, en matière politique ou sociale, la vérité était claire d'elle-même, il n'y aurait ni à délibérer, ni à se compter; mais comme il n'en va point ainsi, et qu'il faut vivre et en finir, on se compte, après avoir délibéré, quelque imparfait que soit le moyen. — Comment ne pas le faire? — Avez-vous, dirai-je aux systématiques,

quelque chose de lumineux à nous proposer ; *série*, *triade*, *phalanstère ?* Proposez. Comment en finir cependant, si votre formule n'a pas la simplicité, la clarté d'un axiôme ? De toute nécessité, il faudra la discuter, puis voter, ou se battre. M. de Girardin (le droit de suffrage étant une fois devenu un droit positif), a pleinement raison sur ce point.—Mais, répondent sans hésiter tous les théoriciens absolus, inutile de disputer, nous avons l'évidence. — Elle ne nous saisit pas, dirai-je. Et comment le ferait-elle, puisque, réciproquement, vous vous condamnez ? Passez-en donc par le suffrage, contre lequel certains d'entre vous protestent, au nom de la vérité absolue qu'ils croient tenir ; un jour peut-être le progrès intellectuel et moral des hommes nous délivrera de ce mécanisme grossier.

En écrivant à mon tour ce mot : *il faut se compter ou se battre*, je ne fais aucune concession à M. de Girardin, puisque j'admets que le mot n'est bon à dire, que lorsqu'il est devenu juste, bon, légal enfin de se compter, attendu que la liberté, d'où procède le suffrage, est un droit de raison, non de nature ; nous l'avons vu. Mais quand est-il juste et bon de se compter ? Posons quelques règles générales.

En principe, on se compte légitimement : QUAND DANS LES TEMPS PRIMITIFS UNE SOCIÉTÉ POLITIQUE COMMENCE; QUAND LA VIOLENCE A FAIT TABLE RASE DU POUVOIR

PUBLIC, ET IL EN FAUT BIEN UN, POUR MENER UNE SOCIÉTÉ A SA DESTINATION ; QUAND LE MANDAT DES POUVOIRS EST EXPIRÉ ; QUAND UN GOUVERNEMENT DE DROIT A ORDONNÉ LE SUFFRAGE ; QUAND L'USAGE L'A ÉTABLI, OÙ LE TEMPS CONSACRÉ. — Selon ces circonstances, et d'autres que je ne puis nommer, il y a bien des manières de se compter. Aussi la légitimité, le mode et la nature du suffrage, s'établissent-ils de différentes façons.

J'ai répondu déjà d'une manière abstraite et très générale, à la question de savoir à qui le suffrage appartient ; il importe de préciser un peu et d'entrer dans quelques détails. — S'il s'agit d'une société primitive, d'un certain nombre de communautés domestiques qui veulent se réunir en société parfaite, le suffrage, je l'ai dit, existe de droit, et appartient aux chefs de famille, aux pères et à leurs fils émancipés. (§ 38. 57.) La femme est exclue pour divers motifs que j'ai fait connaître ; ce qui ne lui ôte nullement son droit de conseil : droit de raison, de raison morale, excellent de sa nature lorsqu'il s'exerce en vue du bien, parce que le conseil, comme une grâce toute humaine en quelque sorte, entre dans le cœur et incline la volonté sans la contraindre. Tel est le rôle de la femme. (§ 21). Mais la jeune fille devenue majeure? Elle est évidemment exclue du vote, par sa nature et sa destination. Elle doit en effet devenir femme et ne peut obtenir un droit que sa mère n'a pas et qu'il lui faudrait déposer un jour. Rien ne me paraît plus simple et plus naturel que cette première classification des droits politiques.

Comme les pères, je viens de le redire, les fils émancipés expriment leur opinion par le suffrage. Remarquez que, dans l'hypothèse d'un état primitif, la loi civile n'existe pas encore, que l'émancipation provient du jugement paternel, qu'elle témoigne plus ou moins de la valeur réelle de l'émancipé, parce que le père n'a pu, n'a du agir, en émancipant, qu'avec de valables raisons. L'émancipation est ici le fruit, non du hasard de l'âge, mais du jugement porté sur la capacité du nouveau citoyen appelé à émettre un vote politique. La loi civile vient-elle à exister, la question change d'aspect. La loi n'est plus une personne, elle ne prononce plus sur les individus, elle juge en général ; aussi prend-elle pour condition de l'émancipation politique, le signe le plus général, comme le plus déterminé de la capacité, l'âge. Cependant, si ce *criterium*, bon sans doute en droit civil, puisque la loi y prononce sur des moyennes, confère des droits politiques à certains qui n'en sont pas dignes, et prive des mêmes droits des hommes capables de les exercer, l'institution primordiale est altérée, le jugement du père n'est pas remplacé. Peut-il l'être ? Y a-t-il, en matière d'émancipation politique, un signe préférable à celui de l'âge? Quelquefois oui, comme je l'indiquerai dans un instant. Toujours est-il qu'un droit qui touche au salut commun doit-être, plus que tout autre, un droit de raison, selon les circonstances diverses qui peuvent se présenter.

58. Nous l'avons prouvé, si le suffrage était de droit naturel, il devrait être universel au sens absolu. Dans la doctrine de l'autonomie, il est clair que quiconque peut et veut porter au scrutin l'expression de sa volonté, doit logiquement y être admis. Et cependant, les constitutions les plus radicales refusent le concours d'un grand nombre d'individus. C'est que la nécessité impose cette contradiction aux utopistes, sans que l'avertissement puisse les convertir. J'ai déjà traité longuement de cette question; je n'insiste pas (§ 97. 98). — Ceci posé, nous avons vu le droit au suffrage s'établir dans la famille, puis dans la société parfaite primitive; poursuivons, mettons nous en présence de nouvelles origines du droit, et de nouvelles façons dont il se communique.

Un gouvernement régulier, je le suppose, un pouvoir royal ou autre, concède spontanément par une loi à un nombre quelconque de citoyens, le droit de nommer des représentants, à ceux-ci le droit de voter l'impôt et de faire des lois : qu'est-ce à dire? Repoussera-t-on, au nom de la volonté inaliénable de tous, au nom de la nature, cette représentation de concession, et niera-t-on ses pouvoirs? Non, car tout se tient; si le roi est de droit, la loi portée est obligatoire, puisqu'elle représente le roi, comme il représente le droit même, c'est-à-dire Dieu. Or, cela est vrai, quelque restreinte, d'abord, que soit la prérogative accordée par le chef de l'État à un groupe d'hommes. La loi fait loi. Je parle de la loi légitime. Pour le contester, il faudrait renverser les déductions de mes premiers chapitres, retomber dans le *quand il lui plaît* de Jean-Jacques. — Voilà, cependant un suffrage légitime, bien que restreint et d'origine, que beaucoup considéreront comme suspecte. Que dis-je? Restreint, le suffrage l'est toujours, plus ou moins; et quant à l'origine que je viens de lui attribuer, elle n'est suspecte qu'à ceux qui n'ont pas réfléchi sur la question de la source et de la légitimité des pouvoirs.

Et maintenant, je le suppose encore, le pays légal, pour me servir d'un mot contemporain, s'élargit, s'étend par les soins des nouveaux législateurs; ceux-ci sont juges compétents dans ce cas, de ce qu'ils peuvent et doivent faire, et ce qu'ils font est bien, ou du moins légitime. Vont-ils trop lentement dans de nouvelles concessions demandées? Refusent-ils de marcher? Nul, si mes principes sont vrais, n'a le droit de les contraindre, s'ils agissent ainsi dans le pouvoir de leur mandat; l'opinion publique ne peut que peser sur eux; à moins que leurs refus réitérés n'entraînent des conséquences capables de mettre la société en péril, et ne rendent nécessaire l'intervention de la nation. Question grave, à éclaircir dans un instant !

Autre supposition : une révolution a détruit légitimement les pouvoirs publics : il faut constituer, qui constituera ? Qui ? Ceux-là même, en principe, qui constitueraient à l'état primitif. Mais nous sommes loin de cet état ; entre lui et la société actuelle, il y a bien des évènements, des habitudes prises, des rapports formés, bien des hommes grandis, d'autres avilis, déchus, bien des coutumes enracinées de commandement et d'obéissance, de hauteur et de servilité, de travail et de paresse, d'économie et de prodigalité. Aussi peut-il arriver que le grand nombre s'efface et qu'une minorité intelligente fasse la loi fondamentale de l'État. — Cette loi est-elle légitime ? — Oui, car le silence de la masse ne prononce pas moins sur son droit, que la nécessité. Elle devient, au reste, d'autant plus légitime, qu'elle dure davantage ; le temps agit de cette manière pour les consentements dûs. — Mais, soit que la masse fasse directement, soit qu'elle délègue, soit qu'elle laisse faire, il est du devoir de celui qui constitue, de tenir compte de tout, principes et faits, idées et traditions, même du factice. S'il l'oublie, s'il sacrifie à quelque système, à quelque passion, à quelque ambition, il en répondra.

Je vais plus loin, une minorité s'impose par la force, décrète les lois organiques de l'État, c'est une usurpation. Mais l'usurpation, de la part d'un homme, ou d'un parti, peut, comme la conquête injuste, être légitimée par le temps. Soit que la majorité vienne à reconnaître le fait établi, soit que l'intérêt public exige la prescription, il arrive un moment, dans la vie d'une nation, où le pouvoir d'origine illégitime devient, s'il dure, pouvoir de droit. Il le faut bien, car il faut enfin qu'une société s'affermisse sur ses bases, ne soit pas perpétuellement en proie aux révolutions. — Mais la difficulté est toujours de savoir quel est le temps voulu, pour que le fait devienne droit? Encore une fois, cela dépend. Lorsque la vie sociale est très-active, comme chez les peuples modernes, il n'y a pas à attendre très-longtemps la prescription. Demande-t-on un signe ? Je rappelle ce que j'ai dit du principe d'induction. Seulement ici, pour servir de point d'appui à l'induction, je proposerai cette règle générale : *Le fait devient droit, eu égard aux circonstances, s'il est impossible de rétablir l'ancien ordre, sans amener des maux plus funestes à la société que la permanence de l'usurpation.*

Nous sommes loin, on le voit, de la souveraineté de la volonté et du *Contrat social.* C'est que nous discutons sous le régime du droit de raison, et non sous celui d'un prétendu droit de nature. Certes, il faut le dire, ce droit de raison n'est pas d'un usage aussi commode que le principe absolu de l'autonomie, mais il est le vrai droit. Les disciples de Rousseau lui rendent si bien cette justice, qu'ils font des catégories de majeurs et de mineurs, recherchant ainsi la capacité. Mais, une fois le principe accepté, il faut en subir les conséquences ; si l'âge est un signe de raison , pourquoi pas tout autre signe de raison? Si l'âge est un signe imparfait, pourquoi pas tout autre? Selon les lieux, les temps, les circonstances, pourquoi pas tout ce qui est possible et bon; cens, charge publique, diplôme, examen, magistrature, sacerdoce? C'est ainsi que la pratique des absolus eux-mêmes, nous fait rentrer dans la vérité, dans le suffrage changeant et n'appartenant de droit qu'aux capables. Mais, une dernière fois, qui statuera sur la capacité? S'agit-il, dirai-je, de la capacité de ceux qui aspirent à se faire représenter dans le gouvernement de l'État? C'est évidemment le pouvoir légitime, quel qu'il soit; sauf l'absence de pouvoir public. (§ 36.) S'agit-il de la compétence des représentants? C'est le mandant qui la juge. Eux-mêmes mandants, limites vivantes du pouvoir établi, agissent dans leur décision spéciale et souveraine, avec plus d'indépendance que le pouvoir dont ils tiennent leur droit légal, car, en nommant leurs mandataires, ils s'affirment pour ainsi dire, tandis que le pouvoir, à mesure qu'il laisse arriver de nouveaux ayant-droit, se nie, s'efface, se retire de plus en plus.

Tels sont les principes supérieurs qui dominent la question du suffrage, dont le côté purement pratique, c'est à dire le détail, ne peut pas m'appartenir.

59. Mais il ne suffit pas d'empêcher, autant qu'on le peut, le hasard d'assister à la distribution des droits politiques, il faut encore lui défendre de régner sur le scrutin. — Sur une question, dit M. Prudhon, d'où dépendent l'honneur et le salut de la République, les citoyens sont divisés en deux fractions égales ; des deux côtés on apporte les raisons les plus sérieuses, les autorités les plus graves, les faits les plus positifs, la nation est dans le doute, l'assemblée en suspens ; un représentant passe de droite à gauche et fait incliner la balance ; c'est lui qui fait la loi (1). Voilà le hasard dans le scrutin. Je suppose les assemblées primaires de M. Considérant réunies pour choisir un ministère du peuple ; un homme ivre, en changeant de place, pourra faire sortir de l'urne la guerre civile ou la paix. Tel est le résultat possible, probable, de la loi du nombre pur, surtout lorsqu'elle a à prononcer sur des questions complexes. — Variez l'hypothèse, admettez qu'il faille les deux tiers des voix pour arriver à une décision,

(1) *Solution du problème social.*

le hasard n'en sera pas moins, par l'organe d'un seul, passant de droite à gauche, l'arbitre de la situation. — On répondra : que s'il y a masse d'un côté et autant de l'autre, les deux choix à faire sont également fondés en raison, et dignes d'être acceptés. — Comment! dirai-je, la coalition de l'intérêt et de l'envie, de la passion et de l'erreur, ne sera donc pas capable, dans une circonstance imprévue, de faire une armée du désordre ou du crime, égale en nombre à celle de l'ordre ou de la vertu? Si le cas est tel, un misérable assurera, en passant de droite à gauche, le triomphe du mal, par son vote de caprice, d'aveuglement ou de cupidité. — L'intelligence humaine ne peut se résigner à de pareilles humiliations.

Je suppose au contraire une assemblée de vingt membres parfaitement éclairés ; on discute, on ne parvient pas à s'entendre, dix tiennent pour un parti, dix pour l'autre : pas de solution. On examine de nouveau, on vote... onze voix constituent la majorité et font la loi. — Constatez bien la différence, ce n'est plus le hasard qui parle, ce n'est plus le chiffre aveugle ; c'est la raison. Elle efface ce que le mécanisme du scrutin a quelquefois de matériel et de grossier. Dans l'espèce, il est clair que très probablement celui qui change de drapeau ne se détermine qu'après mûre réflexion ; il est clair que si la majorité a des motifs graves, la minorité elle aussi en a de considérables ; qu'enfin la lumière, l'intelligence, assistent au scrutin. Elles y assisteront d'autant mieux que l'assemblée sera plus éclairée et moins nombreuse, car si la raison est l'ennemie du hasard, le petit nombre, lorsqu'il s'agit de juger en matière complexe, est l'antidote de la confusion. S'il s'agit de choses simples, claires, du choix d'une personne, par exemple, il y a des temps où les masses sont assez éclairées, pour voter avec intelligence, pour connaître aussi bien et mieux que les plus habiles, leurs intérêts véritables. Dans ce cas, le scrutin est encore à l'abri de la main du hasard. Mais, je le répète, il faut, pour qu'il en soit ainsi, qu'il s'agisse de choses simples, et que les temps soient propices. — Quand le sont-ils? — Cela, nous l'avons vu, ne se demande qu'au principe d'induction.

60. Toujours est-il (malgré les bienfaits du suffrage et les précautions du scrutin), que les pouvoirs, ainsi que le remarque Fénelon, tendant à une autorité sans limites et les peuples à une indépendance sans frein, le grand problème politique est toujours celui-ci : *trouver pour les hommes un moyen de revendiquer leurs droits, sans porter atteinte au bien public.* — Deux dangers nous menacent; l'un, de ne conquérir l'usage de la liberté qu'aux dépens de l'inviolabilité des pouvoirs et au détriment de l'ordre; l'autre, de ne conserver l'ordre et

l'inviolabilité du gouvernement, qu'aux dépens de la justice et des droits sacrés des citoyens. Voyons les systèmes.

L'école de Jean-Jacques, nous l'avons vu, soutient qu'un peuple peut changer ses chefs et sa constitution, *quand cela lui plaît*. J'ai fait justice de cette théorie du caprice et de la violence. — D'autres, plus modérés, soutiennent que dans certains cas très graves, un peuple peut revendiquer ses droits même par les armes, déposer et punir les chefs des états. Les partisans de cette opinion se divisent. — D'autres enfin posent en principe qu'une nation n'a jamais le droit de recourir à la force, pour faire cesser la tyrannie, ou ne possède ce droit que dans un cas de nécessité absolue. Ces philosophes se divisent à leur tour. — N'ayant plus à m'occuper de la théorie de Jean-Jacques, je vais juger les autres systèmes.

Dans le premier, le droit d'insurrection est entendu de deux manières. Selon certains, il est nécessaire que ce droit soit inscrit formellement dans la constitution. Mais de plus nombreux, qui occupent une place considérable dans l'histoire des doctrines morales et du droit public, maintiennent qu'à certaines conditions (qu'ils font connaître), l'insurrection est de défense légitime, et de droit naturel. — Parmi les premiers, je nommerai un légitimiste fort connu, M. Duvoisin, qui, dans son

Traité de droit public, écrit pendant l'émigration, s'exprime ainsi, tout en s'élevant contre la révolte : « Il ne
» s'agit pas d'un gouvernement limité par une constitu-
» tion qui énoncerait la peine de déchéance ; une cons-
» titution de cette nature, serait évidemment un traité
» *synallagmatique* qui ferait la loi du prince et de ses
» sujets (1). Zallinger pense de la même manière. Donc
il faut, pour les publicistes de cette école, que le droit
de défense du peuple, dans un cas donné, soit inscrit
dans le code fondamental du pays, pour qu'il soit véritablement un droit. — Mais Bellarmin avec saint Thomas
et les thomistes, de nombreux concordants, entre autres Suarez, des théologiens qui sont intervenus dans
les disputes du Concile de Constance, quelques écrivains
de la Ligue, certains protestants cités par le cardinal
de Richelieu, s'inscrivent en faveur d'un droit naturel,
ce qui signifie *divin*, d'insurrection dans les cas graves,
et dans les circonstances et conditions qu'ils ont soin
de préciser. — Voyons les textes et prenons un parti.

Saint Augustin avait écrit : *Lex esse non videtur quæ
justa non fuerit.* Cette parole contient en germe le droit
de défense légitime des peuples. Saint Thomas et sa
grande école en tirent résolument leurs conclusions :
« Lorsque les lois sont injustes, elles n'obligent pas en

(1) *Essai sur le droit public.*

» conscience, et on ne doit y obéir que pour éviter le
» scandale et éloigner de plus grands maux. Les lois
» sont injustes de deux manières, soit lorsqu'elles sont
» contraires au bien commun, soit à cause de leur in-
» tention, comme lorsqu'il arrive qu'un gouvernement
» impose aux citoyens des lois qui ne sont pas d'utilité,
» mais d'ambition et de cupidité : de telles lois sont
» plutôt des violences que des lois. » (1) Il écrit ailleurs,
en dépit de Grotius, qu'il réfute ainsi d'avance : « Le
» royaume n'est pas pour le roi, mais le roi pour le
» royaume, car Dieu a constitué les chefs pour conser-
» ver à chacun la possession de son droit, et si tournant
» les choses à leur avantage propre, ils agissent autre-
» ment, ce ne sont plus des chefs du peuple, mais des
» tyrans. » (2) Rouvrons la *Somme ;* il y complète ainsi
sa pensée : « Les lois peuvent être injustes à raison de
» leur auteur, comme lorsqu'un homme fait la loi en
» dehors de la faculté qui lui est accordée ; ou encore à
» raison de leur forme, comme par exemple lorsque les
» charges sont inégalement réparties entre les citoyens,
» bien qu'ordonnées d'ailleurs pour l'intérêt public ; ces
» lois n'obligent pas dans l'intérieur de la conscience ;
» elles n'obligent que dans certains cas, afin d'éviter le
» trouble, le désordre, motif pour lequel l'homme peut

(1) Voy. *Somme théol. quest. 90. 1° 2°.*
(2) Voy. *De regim. princip.* liv. 1. cap. 6.

» céder de son droit. — Elles sont injustes aussi, lors-
» qu'elles agissent contrairement au bien divin , comme
» les lois des tyrans qui mènent à l'idolâtrie , ou à
» quelque chose que réprouve la morale éternelle :
» quant à ces dernières lois, il n'est permis en aucune
» façon de les observer. » (1) Ces passages du grand
moraliste méritent d'être médités.

Je cite un dernier trait parce qu'il touche directement
à la question du droit d'insurrection, cette périlleuse et
suprême limite des pouvoirs. Ce n'est pas au *De regimine
principum* dont l'authenticité est contestée par Cujas et
autres, que je l'emprunte, mais à la *Somme théologique*
elle-même. « La révolte est-elle un crime ? — Oui, ré-
» pond saint Thomas. — Néanmoins, continue-t-il, ceux
» qui délivrent les peuples de la tyrannie sont loués ; or,
» cela ne se fait pas sans troubles, sans révolte ; mais il
» faut remarquer que le gouvernement des tyrans n'est
» pas juste , puisqu'il n'est pas dirigé vers le bien com-
» mun, puisqu'au contraire il n'agit que pour l'avantage
» propre d'un homme , et que par conséquent son ren-
» versement par la violence n'a pas le caractère d'une
» révolte, à moins que ce gouvernement ne soit attaqué
» avec tant d'inopportunité, que le peuple ait à souffrir
» davantage des troubles qui suivent l'attaque, que de

(1) *Somme théol. quest. 00. 1° 2°.*

» la permanence du tyran.... Il est du reste plus sédi-
» tieux que son peuple lorsqu'il entretient lui-même la
» discorde pour mieux dominer sur tous. » (1) — Il y a
là non-seulement le principe, mais la formule générale
du droit de défense légitime d'un peuple par l'insurrection.

Bellarmin écrit de son côté : « Que le peuple ne con-
» fère jamais le pouvoir à un chef, qu'il ne puisse, en
» certains cas, le reprendre. » (2) Suarez l'appuie en
plusieurs endroits de ses livres, d'une manière très
explicite. « Le roi, dit-il, ne peut être privé de sa puis-
» sance, à moins qu'elle ne dégénère en tyrannie, auquel
» cas le peuple peut justement l'attaquer par les armes
» et le renverser. » (3) Mais pour qu'il y ait réellement
tyrannie, au sens de Suarez, comme à celui de Bellarmin, il faut que le prince abuse de son autorité : IN
MANIFESTAM CIVITATIS PERNICIEM ! — Quels seront les
juges ? Doit-on, selon le sentiment de l'anglais Béattie,
qui a fait fortune de nos jours, s'en rapporter à l'instinct
moral de la masse ? Ou bien faut-il, comme le veut
Gerson, consulter les sages, les jurisconsultes, les théologiens, les hommes vertueux, expérimentés ? Cela
dépend.— Oui cela dépend : c'est-à-dire cela est essen-

(1) Voy. *Somme théol.* 2° 2°, *quest.* 42. art. 1. 2.
(2) Voy. le *De Laïcis.*
(3) *Des lois,* liv. 2. chap. 3.

tiellement relatif aux circonstances. Il est certain que
s'il y a des pouvoirs pondérateurs, des limites vivantes
de l'action despotique, il devient utile, indispensable, si
on le peut, de consulter ces pouvoirs, d'attendre même
leur initiative morale, contre le tyran, avant de l'attaquer par la force. Il est certain qu'en thèse générale, la
voix des hommes compétents, des dignitaires, des magistrats, des électeurs, des éclairés, quels qu'ils soient, de
ceux qui ont intérêt à conserver, doit être entendue,
attendue, écoutée. Mais si elle fait défaut, si surtout elle
est étouffée par la violence, et que le péril soit à la fois
considérable et évident : que chacun devant l'histoire et
devant Dieu soit juge de son devoir et de son droit !
Mais si l'évidence du péril de la société n'existe pas,
l'embarras devient extrême, même pour les hommes
compétents, et à défaut de ceux-ci, devient extrême
pour le peuple. Il ne trouvera pas d'autre guide que le
principe d'induction, et sa conscience ; qu'il se décide
pour agir ou se soumettre, il pourra commettre, dans
les deux cas, le plus grand bien, comme le plus grand
mal, la plus grande justice, comme la plus grande iniquité. Encore un coup, la raison humaine a été créée de
Dieu pour choisir, dans de telles situations, à ses risques
et périls. J'ai montré qu'elles s'imposent aux hommes,
non moins que la nécessité d'un choix à faire, et qu'il
est aussi dangereux qu'illusoire, de prétendre, au moyen

de quelque procédé absolu et systématique, échapper à
ces lourdes responsabilités humaines, à ces anxiétés
terribles. C'est là le prix que nous devons à Dieu du don
magnifique qu'il nous fit de la liberté.

61. N'ayant point à rechercher ici quels sont les
hommes compétents, puisque la compétence est essentiellement relative aux temps et à l'état des sociétés, et
que du reste j'ai indiqué d'une manière abstraite comment nous la reconnaissons et l'établissons non sans
erreurs ; j'expose, en dernière analyse, la pensée de
l'école anti-thomiste, c'est-à-dire des hommes qui nient
explicitement le droit d'insurrection, tant de ceux qui
le nient en toute circonstance, que de ceux qui ne l'ad-
mettent que dans des cas tout à fait exceptionnels.

Non-seulement certains publicistes ne veulent pas
permettre qu'un peuple dépose et punisse son roi, mais
ils défendent de l'empêcher par la force de tyranniser
ses sujets. — D'autres, moins exclusifs, enseignent que
la nation n'a jamais droit à aucune action judiciaire
contre le souverain, mais qu'il se rencontre des cas
rares où elle peut recourir à la contrainte, pour faire
cesser la tyrannie, sans déposer le chef de l'État. — Un
roi d'Angleterre s'est fait le défenseur du premier sentiment. Quelques anglicans l'ont suivi. Suarez, on le sait,
se chargea de la réplique, et parla de façon à ne pas

laisser regretter aux philosophes l'engagement d'un pareil débat.— Bossuet soutient le second sentiment, dans son *Cinquième avertissement*, contre Juricu, et dans *les Variations*, contre Basnages. Je cite un passage saillant de l'illustre écrivain. « *Voilà*, dit-il à propos de la guerre » des Machabées, *une révolte manifeste, ou si ce n'en* » *est pas une, cet exemple doit montrer qu'un gouverne-* » *ment tyrannique et surtout une violente persécution où* » *les peuples sont tourmentés pour la vraie religion, les* » *exemple de l'obéissance qu'ils doivent à leurs princes.* »(1) Plus craintif, Fénelon, après quelques pages éloquentes contre le droit d'insurrection, apporte cette seule restriction à sa pensée : « Je ne parle pas du cas d'un » délire manifeste, quand un souverain, par exemple, » tue ses sujets pour se divertir; dans le cas de folie » évidente, on lie les mains à l'insensé. » (2) Comment ne pas en venir là, relativement aux gouvernements temporels, quand il est reconnu et convenu entre les théologiens, qu'un pape peut être déposé s'il devient fou, ou pour crime d'hérésie.

En définitive, Bossuet, Fénelon et leur école, dont M. Duvoisin fait partie, diffèrent des thomistes en ce point, qu'il leur faut, pour motiver l'insurrection, *la nécessité absolue*, et qu'ils s'opposent, en tout état, à

(1) *Polit. sacrée*, liv. 6, art. 3.
(2) *Essai sur le gouvern. civil.*

l'action judiciaire contre le prince et à sa déposition. — Ce n'est pas qu'ils soient disposés à abandonner sans résistance morale, sans protestation, un peuple à tout caprice de volonté tyrannique. Quand l'abus du pouvoir n'est pas immédiatement et évidemment subversif de la société, la nation a la voie des remontrances respectueuses fermement présentées par les grands corps de l'État. Au contraire, dans les cas d'oppression et de nécessité extrême, qui menacent l'existence sociale, comme si un prince défendait de cultiver les terres, ordonnait gratuitement aux citoyens de s'entretuer, la nation peut et doit arrêter le mal, retenir au moins le bras de l'insensé.

62. Voyons maintenant les arguments des partis. — Encore un coup, il est inutile de s'arrêter à l'opinion des hommes qui mettent l'insurrection à la disposition de tout caprice du peuple. (§ 40.) — Mais quels motifs allèguent les partisans d'un droit d'insurrection contenu, limité, exercé avec réflexion dans certains cas graves ? Ils s'expriment ainsi : le roi tient son pouvoir du peuple, par consentement explicite, ou par consentement dû ; donc le peuple peut le lui ôter pour une cause juste. La partie doit se dévouer pour le tout ; or le roi n'est qu'une très-petite partie de la nation, et ce qui fait son devoir fonde le droit du peuple. Sans le droit d'insurrection, la

société n'aurait pas ce que l'individu possède, le droit de défense légitime, le pouvoir de se conserver. En tout cas, la tyrannie elle-même est une révolte, tandis que la résistance légitime n'est que l'exercice d'un droit naturel. Le pouvoir a été établi pour le bien commun, donc il doit être détruit, quand il n'existe plus que pour la ruine de tous. Proscrire le droit d'insurrection, c'est établir celui du despotisme sans limites, c'est ne songer qu'à une des conditions du problème social, sacrifier la nation pour sauver le pouvoir, mettre le caprice d'un seul au-dessus de la raison de tous, détourner une société de sa destination, offenser Dieu. Et qu'on ne dise pas, ajoutent-ils, que nous livrons le pouvoir aux volontés du peuple, puisque nous établissons des règles sévères qui étouffent la révolte et assurent, autant qu'il le faut, l'inviolabilité du commandement. Ainsi s'expriment les penseurs qui se sont inspirés de saint Thomas et du concile de Constance.

Les autres répliquent : Point de droit d'insurrection, car les règles posées par la prudence ne seront jamais la loi des esprits pervers. Si l'on devait choisir entre le despotisme et l'anarchie, il faudrait préférer le despotisme. D'autant que le successeur d'un tyran peut réparer les fautes de son père, que le temps apporte des soulagements aux souffrances du peuple, qu'il y a des ressources aussi longtemps que le principe de la vie politique n'est pas attaqué, tandis que si on le brise, il n'y en a plus. D'ailleurs les souverains ont souvent des motifs qu'ils ne peuvent divulguer ; il est difficile de juger quand ils ont tort ou raison. S'il est permis à tous de décider de la justice des lois, on expose les états à des déchirements sans fin. Si le peuple peut se révolter aujourd'hui pour une raison valable, il le pourra demain pour le plus frivole des motifs. Point de principe pareil, car les téméraires, les ambitieux, les corrompus, feront naître des circonstances de révolte, afin de devenir chefs et tyrans à leur tour. On doit, dit Fénelon, supporter les mauvais princes, par respect pour Dieu, car qui sait jusqu'où il veut permettre au tyran de châtier une nation ?

Il y a certes des vérités des deux parts. Néanmoins, je maintiens, quant à moi, fermement la vérité et l'utilité de la doctrine d'un droit d'insurrection limité aux cas graves ; non celle de Bossuet, qui n'appelle cas graves que la nécessité absolue, mais celle de saint Thomas, de Bellarmin, de Suarez. C'est la seule qui puisse, non sans certains inconvénients inhérents à toute chose humaine, sauvegarder la justice et l'intérêt social. L'opinion contraire, qu'on y prenne garde, irait jusqu'à livrer un peuple au premier usurpateur assez rusé, ou assez fort pour s'emparer du pouvoir sans nécessité. Elle irait jusqu'à immoler le droit au fait, et jusqu'à dire aux hommes avec Fénelon : *Il faut payer les taxes que l'usurpateur impose, obéir aux lois qu'il fait !* — J'oppose à l'auteur de l'*Essai sur le gouvernement civil*, ces fières paroles de Suarez au roi d'Angleterre : *Le simple fait ne crée le droit, ni dans l'ordre privé, ni dans l'ordre public, et le jour où un pareil principe serait reconnu, ce jour même les idées de raison et de justice disparaîtraient de la société.* (1) — Si les esprits pervers, ajouterai-je, n'écoutent aucune règle, suivront-ils donc celle de ne résister jamais, que vous prétendez poser ? N'est-il pas plus prudent, plus pratique, de faire au torrent son lit, que de prétendre l'arrêter ? Certes, vaut mieux encore le despotisme que l'anarchie ; mais toute insurrection n'est pas vouée irrésistiblement à l'anarchie, les destinées politiques de l'Angleterre, entre autres grands pays, en font foi. Des hommes nombreux et puissants peuvent être assez sûrs d'eux-mêmes, de leur parti, du lendemain ; de leurs moyens d'action et de leur but, pour ne pas craindre d'attaquer une exécrable tyrannie, celle de la populace, ou celle d'un Néron. Quoiqu'on puisse dire, la vie politique n'est pas éteinte, le ressort n'est pas brisé, parce qu'on met à l'écart l'iniquité et le parjure. Ceux qui le prétendent, ne prouvent leurs raisons ni *a priori*, ni *a posteriori*,

(1) *Réponse au roi d'Angleterre.*

ni par la logique, ni par les faits. Au contraire, la vie était arrêtée, ou détournée de sa voie, par la tyrannie, elle reprend son cours.—On prétend que le successeur d'un tyran peut réparer les fautes de son père ; oui si ce dernier n'a pas asservi le pays à un joug étranger, s'il n'a pas frappé la nation de quelques sévices irréparables.—On dit que les souverains ont des motifs secrets difficiles à connaitre, à apprécier ; mais l'évidence aussi peut quelquefois se faire sur leurs crimes et sur la perte de leurs droits. — On demande qui jugera des motifs et qui arrêtera les caprices du peuple, une fois le principe posé ? Je demande à mon tour qui arrêtera la persécution, si on efface le principe ? D'ailleurs, j'ai fait appel aux hommes compétents, et indiqué comment peut s'éclaircir cette difficile question de la compétence. — On suppose que celle-ci se tait. De deux choses l'une, alors, dirai-je ; ou elle se tait parce que la tyrannie n'est pas sans remède, ou parce que le tyran étouffe toute protestation ; dans le premier cas, il faut attendre, dans le second, très-probablement, le droit de défense légitime existe. Le précepte de Fénelon : *On doit souffrir la tyrannie par respect pour Dieu, car Dieu sait jusqu'où il veut permettre au tyran de châtier un peuple,* n'est qu'un précepte de quiétisme, fait pour enlever aux âmes leur ressort et leur dignité. Ce n'est pas là la morale d'un chrétien cartésien, c'est l'exagération de l'humilité, c'est ce mot des lettres spirituelles : *il faut se faire petit*, mis en action. Vaudrait autant, pour les mêmes motifs, nous conseiller de ne rien opposer aux ravages de la peste.

Au reste, la concession que Fénelon lui-même fait, après Bossuet, au cas de nécessité absolue, suppose un juge de ce cas. — Un juge, l'ayant-droit d'abord, c'est-à-dire le compétent; puis le peuple, si la compétence se tait, ou est comprimée. Il faut bien en venir là ! L'irresponsabilité absolue des chefs d'État n'est qu'une fiction; c'est un bon principe pour les circonstances ordinaires, rien de plus. D'un autre côté, n'est-il pas illusoire de prétendre lier seulement les mains à un tyran, sans le déposer ? Qu'est-ce qu'un pouvoir dans une situation pareille, sinon un pouvoir déposé de fait ? — Dira-t-on qu'arrêté dans ses entreprises criminelles, il peut se repentir, rentrer dans l'exercice de la justice et de ses droits souverains? Je demande où cela s'est vu? J'ajoute que si de pareils retours ne sont pas impossibles, il est certain que l'orgueil outragé, vaincu, reviendra plutôt les mains pleines de vengeances, que de réparations, et que, du moment que l'appel est fait à la force, la prudence la plus ordinaire conseille, comme l'indiquent les thomistes, la déposition du tyran.

En résumé, dès qu'un prince s'est mis en dehors du droit, et dans les conditions qui motivent l'insurrection, le peuple peut agir comme il est juste et bon qu'il agisse, pour en finir avec le crime, pourvu, selon la règle de saint Thomas, *qu'il y ait moindre mal à résister qu'à souffrir*. Le pouvoir qui se met au-dessus du droit n'est plus qu'un pouvoir de fait; or, je tiens à le redire à quelques étranges quiétistes de nos jours, le catholicisme du moyen-âge se lève tout entier, avec la raison elle-même, contre les gouvernements de fait. Que doit-on à un gouvernement de cette sorte? Debout, il commande la prudence, une grande prudence, mais c'est à elle, non à lui, qu'on doit obéir, en différant d'agir ; déchu, il perd ses titres, à moins qu'il n'en trouve de nouveaux dans la libéralité des consciences, dans la sensibilité et le pardon des cœurs.

Au reste, il est à remarquer que c'est plutôt au nom du bien commun et de la paix, qu'en vertu d'une idée abstraite et mystique de légitimité inamissible, que Bossuet et Fénelon ont pu s'inscrire contre les principes du thomisme. Cela ressort clairement de leurs écrits. On peut croire aussi cependant, que leurs yeux furent fascinés plus ou moins par le soleil du grand siècle, tandis que saint Thomas avait parlé dans le recueillement et l'austérité des cloîtres, au milieu du silence de l'opinion et des pouvoirs sur les plus délicates questions du droit public.

Donc, si le droit d'insurrection n'est pas, comme le veut Rousseau, à la discrétion des caprices du peuple ;

s'il n'existe pas, dès qu'un gouvernement se laisse devancer par l'opinion, ou ne suit qu'avec peine le progrès des esprits, y résistant même dans une certaine mesure, et se couvrant, pour y résister, d'un faux rigorisme légal ; si, dans ce cas et de beaucoup plus nombreux, il faut attendre, parce qu'il n'y a ni péril imminent, ni violement par le pouvoir du cercle de ses facultés, et parce qu'enfin il y aurait probablement plus de mal à résister qu'à souffrir ; il n'en va point toujours ainsi ! Si le pouvoir enfreint les lois organiques de la société, s'il organise la corruption à la face du ciel, s'il outrage la dignité publique, s'il se fait un jeu de l'honneur des citoyens, s'il distribue inégalement les charges, s'il démembre le sol national, s'il ne tient compte ni du droit de famille, ni du droit de propriété, ni de la tradition, ni de la religion, ni de la morale ; alors qu'il soit jugé par les ayant-droit, et s'il étouffe leur voix : que le peuple fasse son devoir !

Après un mot aussi redoutable, une dernière parole de prudence et de paix. *Il faut avoir, nous disent les thomistes, pour que l'insurrection soit permise, outre la certitude du droit, la ferme conscience du succès de l'attaque et du rétablissement de l'ordre social.* — Il est clair que sans cela, ceux qui prennent les armes peuvent s'égarer dans leur colère, donner, vaincus, plus de force au tyran, vainqueurs, un champ libre à l'anarchie.

63. Je ne terminerai pas cet opuscule sans éclaircir un point grave : on accuse les thomistes d'avoir enseigné l'assassinat du tyran ; c'est une erreur, ou une calomnie. La doctrine du tyrannicide a sa formule, celle que condamna le concile de Constance, la voici : *Un vassal ou sujet quelconque peut licitement et méritoirement tuer quelque tyran que ce soit, il peut même, à cet effet, se servir d'embûches secrètes, de caresses trompeuses, ou d'adulations, nonobstant tout serment ou pacte quelconque fait avec le tyran, et sans attendre la sentence ou l'ordre d'aucun juge.* (1) — Voilà ce que la raison, ce que l'indignation publique et l'Église ont condamné. Elles ont flétri la pensée impie de livrer la vie des chefs d'État au jugement et au poignard du premier fou, du premier misérable venu. Mais ni l'Église, en aucun temps, ni la raison publique n'ont proscrit ces termes : *Un tyran peut être déposé par la nation, condamné pour ses crimes.* Seulement Billuart fait remarquer que cela est sujet à tant de dangers, qu'il est presque toujours prudent de s'en abstenir. Ni saint Thomas, ni le pieux Gerson, n'ont enseigné le tyrannicide ; ils ont maintenu avec fermeté la doctrine de la punition et de la déposition juridiques ; qu'on ne les rende pas complices des atrocités de Mariana. — Résumons-nous, sur tout ce qui a trait à l'exercice et aux limites de la souveraineté.

(1) Voy. *Session XV du concile de Constance.*

64. La souveraineté qui n'est point un droit de nature, mais un droit de raison, de nécessité, a pour but, en quelque main qu'elle réside, de conduire la société vers son idéal, par une émancipation progressive.

La ligne providentielle est historiquement et rationnellement marquée, par l'évidence de ce but. Donc, il incombe aux pouvoirs publics de doter peu à peu l'humanité de cette liberté éclairée de pensée et d'action, dont le père dote ses enfants, et qui ne se conquiert que par le travail et la réflexion.

De la même manière, il incombe aux gouvernés de mériter leur droit, d'y tendre sans cesse, de le réclamer enfin ; mais ils ne doivent pas s'en emparer brusquement, prématurément, de manière à faire dévier la civilisation de la ligne de Dieu.

La liberté a, parmi ses aspirations, celle d'obtenir peu à peu et d'absorber la souveraineté politique. C'est une tendance vers l'idéal, vers la liberté absolue, que les hommes n'atteindront jamais, parce qu'elle ne peut être que l'attribut de la perfection absolue.

La liberté n'est qu'un droit de capacité, de lumière ; aussi, doit-elle être relative aux circonstances, et osciller entre son point de départ et son idéal.

Elle part généralement en fait, de sa négation, savoir de l'état despotique, et s'affirme par des coutumes, des règles, des lois, des constitutions, et par la participation (sauf temps d'arrêt ou recul momentané), d'un nombre toujours croissant de citoyens aux affaires publiques.

Ce mouvement est une loi.

De là, la conscience que les hommes acquièrent successivement de cette vérité : *La souveraineté appartient aux plus sages, aux plus capables, et à chacun selon la mesure de sa sagesse et de sa capacité.*

Cette formule est celle d'un droit.

La capacité et l'idée du droit qui en résulte, se manifestent par la foi que des groupes d'hommes ont en eux-mêmes ; cette foi est sérieuse, profonde, persévérante, opiniâtre jusqu'au martyre, et souvent empreinte de vertu, lorsqu'elle est légitime ; elle sert de *criterium* aux pouvoirs chargés de ménager l'émancipation politique.

Ce *criterium* est imparfait, mais il n'y en a pas d'autre.

Les impulsions et les prétentions individuelles peuvent faire dévier trop tôt une société de la ligne choisie, l'en séparer même en précipitant le mouvement ; de là une nécessité de résistance, de répression, de la part des pouvoirs.

Eux-mêmes peuvent s'obstiner dans une voie funeste, ralentir trop le mouvement, ou l'arrêter ; de là d'abord une nécessité d'avertissements, de la part des gouvernés, par l'organe des ayant-droit.

Le pouvoir enfin peut sacrifier opiniâtrement le droit,

le bien, la justice, méconnaître entièrement ses devoirs, son but, livrer le peuple au caprice de ses agents ; de là le droit exceptionnel et suprême d'insurrection.

Je m'arrête, mon but est rempli ; j'ai indiqué les premiers principes de l'établissement des sociétés et du gouvernement des hommes, principes méconnus, obscurcis par les sophistes. J'ai eu pour objet principal de montrer qu'il n'y a d'autorité que celle de la raison ; que cette autorité fonde, justifie, protège et juge toute autre, celle des peuples, celle des pouvoirs ; qu'elle seule est immuable, pendant que toute autre se déplace. — Mais, dégager la raison, savoir ce qu'elle ordonne, n'est pas, en matière complexe, chose facile, nous l'avons vu. Quand un père, quand un gouvernement doivent-ils l'émancipation, et dans quelle mesure ? Cela ne se décide que par induction, en vertu de l'expérience et du tact, de la connaissance du passé, à nos risques et périls. J'oppose catégoriquement cette vérité, cette méthode aléatoire, aux théories impossibles des absolus. Cette méthode est l'humanité même, faite pour progresser avec peine et lenteur, non sans erreurs, non sans dangers ; pour mériter avec labeur, conquérir avec sacrifices, expier les fautes du plus noble des privilèges, la liberté, convoiter sans relâche l'idéal, c'est-à-dire Dieu, s'en rapprocher de plus en plus dès cette terre, et l'atteindre, ailleurs, ou bien le perdre sans retour.

APPENDICE

ET PIÈCES JUSTIFICATIVES.

Je crois qu'il ne sera pas inutile de présenter à l'appui
de ma thèse, le texte même de plusieurs auteurs du
moyen âge et du XVIᵉ siècle, cités dans ce livre. Il
m'importe, en effet, de prouver que j'ai offert le sens
véritable, des passages saillants de saint Thomas et des
Thomistes, ayant trait aux questions délicates traitées
selon l'ordre suivant : 1° De la nécessité de la société
politique ; 2° De l'origine du pouvoir civil et de sa nécessité ; 3° De la souveraineté, en qui elle réside ; 4° Du
droit de résistance au pouvoir civil. — J'ai dû, sur ces
divers points, restreindre mes citations, pour ne pas
nuire à la marche de l'ouvrage ; ici, je puis leur donner
un peu plus de développement. Le lecteur attentif aper-
cevra partout, je l'espère, au fond du texte original, qui
donne plus de relief et de poids à la pensée des maîtres

de la morale privée et publique, ce grand et salutaire principe *de la souveraineté de la raison*, que j'invoque sans cesse ! Les scholastiques, eux aussi, se fient à ce principe, et à lui seul, dans l'ordre naturel. C'est que, quelle que soit la difficulté de le dégager et de l'appliquer, selon les temps et les circonstances, force est bien de le proclamer, par opposition aux théories excessives, puisqu'il est le seul vrai, et qu'il s'impose. Donc, les documents ci-joints que je ne m'abstiendrai pas de commenter, viennent non seulement justifier mes traductions, mais éclairer et corroborer la doctrine elle-même.

SAINT THOMAS. — *Sur la nécessité de la société politique.*

Naturale autem est homini ut sit animal sociale, et politicum, in multitudine vivens, magis etiam quam omnia alia animalia, quod quidem naturalis necessitas declarat. Aliis enim animalibus natura præparavit cibum, tegumenta pilorum, defensionem, ut dentes, cornua, ungues, vel saltem velocitatem ad fugam. Homo autem institutus est nullo horum sibi a natura præparato, sed loco omnium data est ei ratio, per quam sibi hæc omnia officio manuum posset præparare, ad quæ omnia præparanda unus homo non sufficit. Nam unus homo per se sufficienter vitam transigere non posset. Est igitur homini naturale, quod in societate multorum vivat.

Amplius, aliis animalibus insita est naturalis industria ad omnia ea quæ sunt eis utilia, vel nociva, sicut ovis naturaliter *extimet* lupum inimicum. Quædam etiam animalia ex naturali industria cognoscunt quasdam herbas medicinales, et alia eorum vitæ necessaria. Homo autem horum quæ sunt suæ vitæ necessaria , naturalem cognitionem habet solum in communi, quasi eo per rationem valente ex universalibus principiis ad cognitionem singulorum, quæ necessaria sunt humanæ vitæ, pervenire. Non est autem possibile, quod unus homo ad omnia hujusmodi per suam rationem pertingat. Est igitur necessarium homini, quod in multitudine vivat, et unus ab alio adjuvetur, et diversi diversis inveniendis per rationem occuparentur, puta, unus in medicina, alius in hoc, alius in alio.

Hoc etiam evidentissime declaratur per hoc, quod est proprium hominis locutione uti, per quam unus homo aliis suum conceptum totaliter exprimere potest. Alia quidem animalia exprimunt mutuo passiones suas, in communi, ut canis in latratu iram, et alia animalia passiones suas diversis modis. Magis igitur homo est communicativus alteri, quam quodcumque aliud animal, quod gregale videtur, ut grus, formica et apis... ergo naturale est homini quod in societate multorum vivat. *(De Reg. princip.* lib. I., cap. I.)

L'hypothèse de la sauvagerie primitive avait déjà cours du temps de saint Thomas ; on voit comment il la repousse. J'ai donné la traduction d'une partie de ce passage ; mais la fin relative au don magnifique de la parole, que Dieu a fait à l'homme, n'a pas été traduite ; elle mérite, cependant, toute attention. Rien ne démontre mieux notre *sociabilité* essentielle, c'est-à-dire naturelle, nécessaire.

Mais saint Thomas prouve encore la nécessité de la société, par son but. Quel est ce but ? Celui de l'homme évidemment, la *béatitude*. En quoi consiste-t-elle, et comment l'obtenir ? Elle consiste dans l'union avec Dieu, comme fin suprême. Mais, avant cette fin suprême, au-dessous d'elle, ici bas, il y a tous les degrés de la *béatitude imparfaite*. La béatitude imparfaite, telle est la fin terrestre de l'homme et de la société politique dans les limites de l'ordre naturel. En quoi saint Thomas la fera-t-il consister ? Comme Aristote, en trois objets : les biens de l'âme, les biens du corps, les biens extérieurs relatifs à l'âme ou au corps. — Parmi les meilleurs des biens de l'âme, le moraliste place délicatement *l'amitié*. L'amitié est nécessaire à l'homme, et ne peut être obtenue que par la société, donc la société est de droit naturel.

Le passage que je viens de rapporter est si remarquable, si clair, si solide dans ses déductions, que ni les thomistes, ni nos meilleurs écrivains du XVIIe siècle, n'ont fait mieux, n'ont fait aussi bien. Vainement Hobbes et Rousseau cherchent-ils à embrouiller cette question si simple ; il suffit d'apercevoir les éléments psychologiques, les faits auxquels saint Thomas fait appel, pour rester convaincu de l'erreur grave du *de cive* et du *Contrat social*. — Quant à ce qui regarde mon premier point : *la nécessité de la société politique ;* je me bornerai à cette citation, dont la seconde partie, que je vais rappeler, touche à un autre point non moins sérieux : *la nécessité du pouvoir social.*

Dire que le pouvoir social est nécessaire, ou qu'il est de *droit divin*, sont choses identiques ; aussi, nous l'avons vu, le *droit divin* est le droit de tous les pouvoirs légitimes, en quelque forme qu'ils soient constitués. On comprend combien il m'importe de présenter, sur ce point si controversé, le texte même des maîtres du droit social.

SAINT THOMAS. — *Sur la nécessité du pouvoir social.*

Si ergo naturale est homini quod in societate multorum vivat, necesse est in hominibus esse, per quod multitudo regatur. Multis enim existentibus hominibus et uno quoque id quod est sibi congruum providente , multitudo in diversa dispergeretur , nisi etiam esset aliquis de eo quod ad bonum multitudinis pertinet , curam habens, sicut et corpus hominis , et cujuslibet animalis deflueret , nisi esset aliqua vis regitiva communis in corpore , quæ ad bonum commune omnium membrorum intenderet. Quod considerans Salomon dicit : *ubi non est gubernator, dissipabitur populus.* Hoc autem rationabiliter accidit : non enim idem est quod propium , et quod commune. Secundum propia quidem differunt , secundum autem commune uniuntur : diversorum autem diversæ sunt causæ. Oportet igitur præter id quod movet ad propium bonum uniuscujusque, esse aliquid, quod movet ad bonum commune multorum. Propter quod et in omnibus quæ in unum ordinantur, aliquid invenitur alterius regitivum. In universitate enim corporum, per primum corpus , scilicet celeste, alia corpora ordine quodam divinæ providentiæ reguntur , omniaque corpora , per creaturam rationalem. In uno etiam homine anima regit corpus , atque inter animæ partes irascibilis et concupiscibilis ratione reguntur. Itemque inter membra corporis unum est principale, quod omnia movet , ut cor, aut caput. Oportet igitur esse in omni multitudine aliquod regitivum. *(De Regim. Princip. lib. I., cap. I.)*

Longtemps avant saint Thomas, au milieu d'un siècle dit assez improprement barbare, saint Anselme, dans ses commentaires sur le chapitre XIII de l'épître de saint Paul aux Romains, indique l'origine du pouvoir, son but, ses devoirs, ses limites, dans des termes qui méritent d'être recueillis. Si, plus tard, le roi d'Angleterre les avait médités, il aurait épargné à Suarez le soin de lui adresser sa fameuse réplique.

SAINT ANSELME. — *Sur la nécessité du pouvoir social, son but et ses limites.*

Omnis anima potestatibus sublimioribus subdita sit. Non est enim potestas nisi a deo. Quæ autem sunt, a deo ordinatæ sunt. Itaque qui resistit potestati, dei ordinationi resistit. Qui autem resistunt, ipsi sibi damnationem acquirunt.

Sicut superius reprehendit illos, qui gloriabantur de meritis, ita nunc ingreditur illos redarguere, qui postquam erant ad fidem conversi nolebant subjici alicui potestati. Videbatur enim quod infideles Dei fidelibus non deberent dominari, etsi fideles deberent esse pares. Quam superbiam removet, dicens: *omnis anima,* id est, *omnis* homo, *sit* humiliter *subdita potestatibus* vel secularibus, vel ecclesiasticis, sublimioribus se: hoc est, omnis homo sit subjectus superpositis sibi potestatibus. A parte enim majore significat totum hominem, sicut rursum a parte inferiore totus homo significatur ubi propheta dicit: *Quia videbit omnis caro salutare dei.* Et recte admonet, ne quis ex eo quod in libertatem vocatus est , factusque christianus , extollatur in superbiam , et non arbitretur in hujus vitæ itinere servandum esse ordinem suum, et *potestatibus,* quibus pro tempore rerum temporalium gubernatio tradita est, non se putet esse subdendum. Cum enim constemus ex anima et corpore , et quamdiu in hac vita temporali sumus , etiam rebus temporalibus ad subsidium ejusdem vitæ utamur , oportet nos ex ea parte, quæ ad hanc vitam pertinet , subditos esse *potestatibus ,* id est , res humanas cum aliquo honore administrantibus : ex illa vero parte, qua deo credimus , et in regnum ejus vocamur, non debemus subditi esse cuiquam homini , id ipsum in nobis evertere cupienti , quod Deus ad vitam æternam donare dignatus est. Si quis ergo putat quoniam christianus est , non sibi esse vectigal reddendum , sive tributum , aut non esse honorem exhibendum debitum eis quæ hæc curant *potestatibus ,* in magno errore versatur. Item si quis sic se putat esse subdendum, ut etiam in suam fidem habere potestatem arbitretur eum , qui temporalibus administrandis aliqua sublimitate præcellit, in majorem errorem abitur. Sed modus iste servandus est , quem dominus ipse præcepit, ut reddamus *Cæsari quæ sunt Cæsaris* , et Deo quæ sunt Dei. Quamvis enim ad illud regnum vocati simus, ubi nulla erit potestas hujus modi, in hoc tamen itinere conditionem nostram pro ipso rerum humanarum ordine debemus tolerare , nihil simulate facientes , et in hoc non tam hominibus, quam Deo, qui hoc jubet, obtemperantes. Itaque *omnis anima sit subdita su-*

blimioribus potestatibus, id est, omnis homo sit subditus primum divinæ potestati, deinde mundanæ. Nam si mundana potestas jusserit quod non debes facere, contemne potestatem, timendo sublimiorem potestatem. Ipsos humanarum rerum gradus adverte. Si aliquid jusserit procurator, nonne faciendum est? Tamen si contra proconsulem jubeat, non utique contemnis potestatem, sed eligis majori servire. Non hinc debet minor irasci si major prælata est. Rursus si aliquid proconsul jubeat, et aliud imperator, numquid dubitatur, illo contempto, huic esse serviendum. Ergo si aliud imperator, et aliud Deus jubeat, quid faciemus? Numquid non Deus imperatori est præferendus? Ita ergo *sublimioribus potestatibus anima* subjiciatur, id est, homo. Sive idcirco ponitur *anima* pro homine, qui secundum hanc discernit, cui subdi debeat, et cui non. Vel homo, qui promotione virtutem sublimatus est, *anima* vocatur a digniore parte. Vel, non solum corpus sit subditum, sed *anima*, id est, voluntas : hoc est non solum corpore, sed et voluntate serviatis. Ideo debetis subjici, *quia non est potestas nisi a Deo.* Numquam enim posset fieri nisi operatione solius Dei, ut tot homines uni servirent, quem considerant unius secum esse fragilitatis et naturæ. Sed quia Deus subditis inspirat timorem et obediendi voluntatem, contigit ita. Nec valet quisquam aliquid posse, *nisi divinitus ei datum fuerit. Potestas* omnis *est a Deo.* Sed ea *quæ sunt, a Deo ordinata sunt.* Ergo potestas est ordinata, id est, rationabiliter a Deo disposita. *Itaque qui resistit potestati,* no-

lens tributa dare, honorem deferre , et his similia , *Dei ordina-*
tioni resistit, qui hoc ordinavit, ut talibus subjiciamur. *Hoc enim*
contra illos dicitur , qui se putabant ita debere uti libertate
christiana , ut nulli vel honorem deferrent , vel tributa redde-
rent. Unde magnum poterat adversus *christianam religionem*
scandalum nasci a principibus seculi. De bona potestate patet ,
quod eam perfecit Deus rationabiliter. De mala quoque videri
potest, dum et boni per eam purgantur , et mali damnantur ,
et ipsa deterius præcipitatur. *Qui potestati. resistit* , cum Deus
eam ordinaverit , *Dei ordinationi resistit.* Sed hoc tam grave
peccatum est , quod qui resistunt , *ipsi* pro contumacia et per-
versitate *sibi damnationem* æternæ mortis acquirunt. Et ideo
non debet quis resistere, sed subjici. *(Comm. in cap.* XIII. *Epist.*
ad Romanos).

Il est facile d'apercevoir , dans ce passage où tout est
si fortement lié, comment la nécessité du pouvoir social,
c'est-à-dire un droit naturel , engendre *le droit divin des*
pouvoirs , quelle que soit la forme en laquelle ils aient
été établis. Et cependant, le philosophe n'attribue ici ,
au pouvoir civil, aucune origine surnaturelle, aucun
droit mystique !

LE CARDINAL BELLARMIN. — *Même question.*

Certum est politicam potestatem a Deo esse a quo non nisi res bonæ et licitæ procedunt, et quod probat Augustinus in toto fere IV et V libr. de civit. Dei. — nam sapientia Dei clamat, proverb. VIII : per me reges regnant; et infra : per me principes imperant. Et Daniel, II : Deus cœli regnum et imperium dedit tibi, &.; et Daniel, IV : cum bestiis ferisque erit habitatio tua, et fenum, ut bos, comodes, et rore cœli infunderis : septem quoque tempora mutabuntur super se, donec scias quod dominetur excelsus super regnum hominum et cuicumque voluerit, det illud..... Sed hic observanda sunt aliqua. Primo politicam potestatem in univer- sum consideratam, non descendendo in particulari ad monarchiam, aristocratiam, vel democratiam immediate esse a solo Deo ; nam consequitur necessario naturam hominis, proinde esse ab illo qui fecit naturam hominis; præterea hæc potestas est jure naturæ, non enim pendet ex consensu hominum, nam velint, nolint, debent regi ab aliquo, nisi velint perire humanum genus, quod est contra naturæ inclinationem. At jus naturæ est jus divinum, jure igitur divino introducta est gubernatio, et hoc videtur proprie velle apostolus, cum dicit : qui potestati resistit, Dei ordinationi resistit. *(De Laïcis,* lib. III. cap. VI.)

Mais la véritable difficulté n'est pas là ; si l'on est généralement d'accord sur la nécessité d'un pouvoir dirigeant, ce qui fait de l'existence de ce pouvoir une loi de la nature même ou de Dieu, c'est-à-dire, *un ordre et un droit divins ;* on ne l'est pas sur la manière dont Dieu communique aux chefs des sociétés cette suprême faculté du commandement.

Les exagérateurs, soit intéressés soit mystiques, du *droit divin,* veulent que Dieu communique directement, *immédiatement,* aux rois, la puissance de gouverner la société ; leurs adversaires prétendent, au contraire, que les rois n'obtiennent jamais leur puissance politique que *médiatement,* c'est-à-dire par l'intermédiaire du peuple, en vertu d'un consentement, exprès ou tacite, accordé ou dû. — Au temps de Louis de Bavière, la question fut posée ; les princes de l'Empire approuvèrent solennellement la doctrine qui soutient que le pouvoir impérial émane *immédiatement* de Dieu. Ils signèrent la proposition qui suit : « Nous déclarons que la dignité et la » puissance impériale procèdent immédiatement de Dieu » seul. » Le théologien Ziégler se fit le défenseur ardent de cette opinion. Les rois d'Angleterre s'en prévalurent ; cela se conçoit ; chefs spirituels et temporels en même temps, ils devaient essayer de valider, d'identifier ainsi ce double caractère, et de le mettre de la sorte au-dessus de toute atteinte. De nos jours, certains légitimistes ont paru se rattacher au même sentiment ; mais leurs idées sur ce point sont plutôt une aspiration qu'une doctrine. — Voyons nos textes.

Suarez. — Sur l'origine du pouvoir.

In hac re communis sententia videtur esse, hanc potestatem dari immediate a Deo ut auctore naturæ, ita ut homines quasi disponant materiam et efficiant subjectum capax hujus potestatis ; Deus autem quasi tribuat formam dando hanc potestatem. (De legibus lib. III. cap. III.)

Secundo sequitur ex edictis, potestatem civilem, quoties in uno homine, vel principe reperitur, legitimo, ac ordinario jure, a populo, et communitate manasse, vel proxime, vel remote, nec posse aliter haberi, ut justa sit. (De legibus, cap. IV.)

Bellarmin. — Même sujet.

Tertio nota : hanc potestatem transferri a multitudine in unum vel plures eodem jure naturæ : nam respub. non potest per seipsam exercere hanc potestatem, ergo tenetur eam transferre in aliquem unum, vel aliquos paucos ; et hoc modo potestas principum in genere considerata, est etiam de jure naturæ, et divino ; nec posset genus humanum, etiam si totum simul conveniret, contrarium statuere, nimirum, ut nulli essent principes vel rectores.

Quarto nota : in particulari singulas species regiminis esse de jure gentium, non de jure naturæ ; nam pendet a consensu multitudinis, constituere super se regem, vel consules, vel alios magistratus, ut patet : et si causa legitima adsit, potest multitudo mutare regnum in aristocratiam, aut democratiam, et e contrario ut Romæ factum legimus.

Quinto nota : ex dictis sequi, hanc potestatem in particulari esse quidem a Deo, *sed mediante consilio et electione humana,* ut alia omnia quæ ad jus gentium pertinent, jus enim gentium est quasi conclusio deducta ex jure naturæ per humanum discursum. Ex quo colliguntur duæ differentiæ inter potestatem politicam, et ecclesiasticam : una ex parte subjecti, nam politica est in multitudine, ecclesiastica in uno homine tanquam in subjecto immediate ; altera ex parte efficientis, quod politica universe considerata est de jure divino, in particulari considerata est de jure gentium ; ecclesiastica omnibus modis est de jure divino, et immediate a Deo. *(De Laïcis,* lib. III, cap. VI.)

HERMAN BUSEMBAUM. — Même sujet.

Certum est dari in hominibus potestatem ferendi leges ; sed potestas hæc quoad leges civiles a natura nemini competit, nisi communitati hominum, et ab hac transfertur in unum, vel in plures, a quibus communitas regatur. (Lib. I. tract. II. de legibus, cap. I. *De natura et obligatione legis).*

DANIEL CONCINA. — Même sujet.

Summæ potestatis originem a Deo communiter arcessunt scrip-

tores omnes. Idque declaravit Salomon , *per me reges regnant,
et legum conditores justa decernunt.* Et profecto quemadmodum inferiores principes a summa majestate , ita summa ma-
jestas terrena a supremo rege , Dominoque dominantium pendeat
necesse est. Illud in disputationem vocant tum theologi, tum ju-
risconsulti, sitne a Deo proxime, an tantum remote hæc potestas
summa ? *Immediate* a Deo haberi contendunt plures , quod ab
hominibus neque cunjunctim, neque sigillatim acceptis haberi
possit. Omnes enim patres familias æquales sunt, solaque æco-
nomica in proprias familias potestate fruuntur. Ergo civilem poli-
ticamque potestatem , qua ipsi carent, conferre aliis nequeunt.
Tum si potestas summa a communitate, tanquam a superiore ,
uni, aut pluribus collata esset, revocari ad nutum ejusdem
communitatis posset ; cùm superior pro arbitrio retractare com-
municatam potestatem valeat ; quod in magnum societatis detrimentum recideret.

Contra disputant alii , et *quidem probabilius ac verius,* ad-
vertentes omnem quidem potestatem a deo esse ; sed addunt,
non transferri in particulares homines inmediate, sed mediante
societatis civilis consensu. Quod hæc potestas sit immediate, non
in aliquo singulari , sed in tota hominum collectione, docet con-
ceptis verbis , *sanct. Thomas* I. II. qu. XC. art. III. ad. II. et
qu. XCVII art. III. ad. III. Quem sequuntur *Dominicus Soto,*
lib. I. qu. I. art. III. *Ledesma.* II part. qu. XVIII art. III. *Covarruvias* in pract. cap. I. — Ratio evidens est : quia omnes homines

1

nascuntur liberi , respectu civilis imperii ; ergo nemo in alterum civili potestate potitur. Neque ergo in singulis , neque in aliquo determinato potestas hæc reperitur. Consequitur ergo in tota hominum collectione eamdem extare. Quæ potestas non confertur a Deo per aliquam actionem peculiarem a creatione distinctam ; sed est veluti proprietas ipsam rectam rationem consequens, quatenus recta ratio præscribit ut homines in unum moraliter congregati, expresso aut tacito consensu modum dirigendæ, conservandæ, propugnandæque societatis præscribant. *(Theologia moralis : lib. I. De jure naturæ et gentium.)*

Ceci posé, le moraliste se demande : de quelle manière cette puissance qui vient de Dieu, réside dans les princes. Il continue ainsi :

Hinc infertur, potestatem residentem in principe, rege, vel in pluribus, aut optimatibus, aut plebeiis, ab ipsa communitate aut proxime, aut remote proficisci. Nam potestas hæc a Deo immediate non est. Id enim nobis constare peculiari revelatione deberet ; quemadmodum scimus, Saülem et Davidem electos a Deo fuisse. Ab ipsa ergo communitate dimanet oportet.

Falsam itaque reputamus opinionem illam quæ asserit, potestatem hanc immediate et proxime a Deo conferri regi, principi, et cuique supremæ potestati , excluso reipublicæ tacito aut expresso consensu. Quamquam lis hæc verborum potius quam rei est. Nam potestas hæc a Deo auctore naturæ est, quatenus disposuit, et ordinavit ut ipsa respublica pro societatis conservatione, et defensione, uni, aut pluribus supremam regiminis potestatem conferret. Immo facta designatione imperantis, aut imperantium, potestas hæc à Deo manare dicitur, quatenus jure naturali, et divino tenetur, societas ipsa parere imperanti. Quoniam reipsa Deus ordinavit ut per unum, aut per plures hominum societas regatur. Et hac via omnia conciliantur placita; et oracula scripturarum vero in sensu exponuntur. *Qui resistit potestati, Dei ordinationi resistit. Et iterum : non est potestas nisi a Deo : Subjecti igitur estote omni humanæ creaturæ propter Deum : sive Regi &. Non haberes potestatem adversum me ullam, nisi tibi datum esset desuper.* — Quæ, et alia testimonia evincunt, omnia à Deo, supremo rerum omnium moderatore, disponi, et ordinari. At non propterea humana consilia et operationes excluduntur; ut sapienter interpretantur S. Augustinus tract. VI. in Joan. et lib. XXII. cont. Faustum cap. XLVII. et S. Joannes Chrysostomus Hom. XXIII. in epist. ad rom. (*De jure naturæ et gentium &. Dissert.* IV. *de leg. hum.* c. II.)

Nous en sommes au quatrième point, le plus grave de tous, savoir : si le peuple a le droit de résister au pouvoir? Et comment il a le droit de résister? C'est ici surtout qu'il est besoin de textes précis, exacts, et d'autorités dignes du respect de tous les partis.

SAINT THOMAS. — *Définition de la loi.*

Quædam rationis ordinatio ad bonum commune , et ab eo qui curam communitatis habet promulgata. (I. II. *quæst.* XC. art. IV.)

Il résulte de cette définition : que ce n'est pas *la vo-lonté* du prince qui fait la loi. En effet :

Ratio habet vim movendi à voluntate ut supra dictum est. (quæst. XVII. art. I.) Ex hoc enim quod aliquis vult finem, ratio imperat de his quæ sunt ad finem , sed voluntas de his quæ imperantur, ad hoc quod legis rationem habeat , oportet quod sit aliqua ratione regulata ; et hoc modo intelligitur quod voluntas principis habet vigorem legis ; *alioquin voluntas principis magis esset iniquitas quam lex. (Quæst.* XC. art. I.)

Voyons la suite de cette pensée :

Si quidem justæ sunt , leges humanæ, habent vim obligandi in foro conscientiæ a lege æterna, a qua derivantur, secundum illud proverbium , cap. VIII., per me reges regnant et legum conditores justa decernunt. (I. II. qu. XCVI. art. III.)

C'est ainsi que le grand moraliste prépare, dans *la*

Somme, la thèse du droit de résistance des peuples. Deux lignes maintenant du *De regimine Principum*, traduites mot à mot :

Le royaume n'est pas pour le roi, mais le roi pour le royaume. Car Dieu a constitué les rois pour régir et gouverner, et pour conserver à chacun la possession de son droit : telle est la fin de l'institution ; que si, les rois tournant les choses à leur profit, agissent autrement, ce ne sont plus des rois, mais des tyrans. *(De regimine Principum ; cap. XI.)*

Il y a loin de la pensée de saint Thomas, à celle de Grotius :

Sic imperia quidem esse possunt comparata ad regum utilitatem. *(De jure belli et pacis,* lib. I. cap. III.)

J'arrive enfin au fond de la question : peut-il être jamais permis de résister à la puissance civile ? Saint Thomas répond :

Injustæ autem sunt leges dupliciter ; uno modo per contrarietatem ad bonum commune e contrario prædictis, vel ex fine, sicut cùm aliquis præsidens leges imponit onerosas subditis non pertinentes ad utilitatem communem, sed magis ad propriam cupiditatem vel gloriam ; vel etiam ex auctore, sicut cùm aliquis legem fert ultra sibi commissam potestatem ; vel etiam ex forma cùm inæqualiter onera multitudinis dispensantur, etiamsi ordinentur ad bonum commune ; et hujusmodi magis sunt violentiæ quam leges, quia sicut Augustinus dicit, lib. I. *De lib. arb.* cap. V, *parum a princ.* lex esse non videtur quæ justa non fuerit, unde tales leges in foro conscientiæ non obligant, nisi forte propter vitandum scandalum vel turbationem, propter quod etiam homo jure suo cedere debet. Alio modo leges possunt esse injustæ per contrarietatem ad bonum divinum sicut leges tyrannorum inducentes ad idolatriam vel ad quodcumque aliud quod sit contra legem divinam, et tales leges nullo modo licet observare. (D. Th. I. II. quæst. XC. art. I.)

Le même :

Laudantur qui multitudinem a potestate tyrannica liberant, sed hoc non facile potest fieri sine aliqua dissensione multitudinis, dum una pars multitudinis nititur retinere tyrannum, alia vero nititur eum adjicere; ergo seditio potest fieri sine peccato.

Ad tertium dicendum ; quod regimen tyrannicum non est justum quia non ordinatur ad bonum commune, sed ad bonum privatum regentis ut patet per philosophum ; et ideo, perturbatio hujus regiminis non habet rationem seditionis, nisi forte quando sic ordinate perturbatur tyranni regimen, quod multitudo subjecta magis detrimentum patitur ex perturbatione consequenti quam ex tyranni regimine; magis autem tyrannus seditiosus est qui in populo sibi subjecto discordias et seditiones nutrit ut tutiùs dominari possit : hoc enim tyrannicum est , cum sit ordinatum ad bonum proprium præsidentis cum multitudinis nocumento. (II. II. q. XLII. art. II. ad. tertium.)

SUAREZ. — *Utrum seditio sit. intrinsece mala.*

Seditio dicitur bellum commune intra eamdem rempublicam , quod geri potest, vel inter duas partes ejus, vel inter principem et rempublicam. Dico primo : seditio inter duas partes reipublicæ semper est mala ex parte aggressoris : ex parte vero defendentis se est justa....

Dico secundo : bellum reipublicæ contra principem , etiamsi aggressivum , non est intrinsece malum ; habere tamen debet conditiones justi alias belli, ut honestetur. Conclusio solum habet locum, quando princeps est tyrannus ; quod duobus modis contingit , ut Cajet. not. II. II. quæst. LXIV. articulo primo ad tertium : primo si tyrannus sit quoad dominium , et potestatem : secundo solum quoad regimen. — Quando priori modo accidit tyrannis , tota respublica et quolibet ejus membrum jus habet contra illum ; unde quilibet potest se ac rempublicam a tyrannide vindicare. Ratio est : quia tyrannus ille aggressor est, et inique bellum movet contra rempublicam, et singula membra ; unde omnibus competit jus defensionis. Unde certa veritas est, contra hujus modi tyrannum nullam privatam personam, aut potestatem imperfectam posse juste movere bellum aggressivum, atque illud esset propio seditio. Probatur, quoniam ille, ut supponitur, verus est dominus : inferiores autem jus non habent indicendi bellum, sed defendendi se tantum ; quod non habet locum in hoc tyranno : namque ille non semper singulis facit injuriam, atque si invaderent, id solum possent efficere, quod ad suam defensionem sufficeret. At vero tota respublica posset bello insurgere contra ejus modi tyrannum, neque tunc excitaretur propria seditio (hoc siquidem nomen in malam partem sumi consuevit). Ratio est : quia tunc tota respublica superior est rege : nam cum ipsa dederit illi potestatem, ea conditione dedisse censetur, ut politice, non tyrannice regeret, alias ab ipsa posset deponi. Est tamen observandum, ut ille vere, *et manifeste tyrannice agat ;* concurrantque aliae conditiones ad honestatem belli positas. Lege Divum Thomam I. *De regemine Princ.* cap. VI. *(Disp.* XIII. *De bello.* sect. VIII.)

Suarez, on le voit, marche sur les traces de Bellarmin, de saint Thomas et du concile de Constance. J'ai indiqué, dans le corps du livre, les conditions de prudence extrême qui sont exigées par ces moralistes éminents, pour que la résistance des peuples ne soit pas un crime, et le pire de tous; je ne crois pas nécessaire d'insister sur ces conditions très variées, et dont la recherche périlleuse est précisément l'objet de la méthode que je me suis efforcé de faire prévaloir.

TABLE ANALYTIQUE.

—

LA ROCHELLE. — IMPRIMERIE DE A. SIRET

3, PLACE DE LA MAIRIE.

www.ingramcontent.com/pod-product-compliance
Ingram Content Group UK Ltd.
Pitfield, Milton Keynes, MK11 3LW, UK
UKHW020129130726
13696UKWH00001B/280